Léigh sa Bhaile

Leabhar F

Joanne Kett   Ellie Ní Mhurchú

Foilsithe ag
CJ Fallon
Bloc B – Urlár na Talún
Campas Oifige Ghleann na Life
Baile Átha Cliath 22

An Chéad Eagrán Márta 2015

ISBN: 978-0-7144-2067-7

© Joanne Kett agus Ellie Ní Mhurchú

I gcás corrcheann de na dánta sa leabhar seo, níor aimsíóipchirt. Cuirfear na gnáthshoscruithe I bhfeidhm, ach an t-eolas cuí a chur in iúl.

Gach ceart ar cosaint.
Tá cosc ar aon chuid den fhoilseachán seo a atáirgeadh nó a tharchur, ar chuma ar bith nó trí mheán ar bith, pé acu trí mheán leictreonach nó meicniúil nó fótachóipeála nó trí mheán ar bith eile, gan cead an fhoilsitheora a fháil roimh ré.

Clóbhuailte in Éirinn ag
Turner Print Group
Sráid an Iarlaí
An Longfort

Réamhra

Nuachúrsa Gaeilge don bhunscoil is ea *Léigh sa Bhaile* ina bhfuil tús áite tugtha don taitneamh, don tuiscint agus don teanga.

Déantar é seo tríd an léitheoireacht neamhspleách, laethúil, chomh maith leis an gcaint agus leis an gcomhrá. Is scéim an-éasca le leanúint í don mhúinteoir, don tuismitheoir agus don scoláire féin.

I ngach leabhar tá 120 leathanach de shleachta éagsúla léitheoireachta. Cloíonn na scéalta go dlúth leis na deich dtéama atá i gcuraclam na Gaeilge i modh óiriúnach agus baint acu le saol an pháiste féin. Clúdaítear gach téama go rialta agus go críochnúil don aoisghrúpa atá i gceist chun cabhrú le dul chun cinn na ndaltaí ó bhliain go bliain.

Gach oíche, seachas an Aoine, faigheann na páistí leathanach amháin le léamh agus an lá dar gcionn, fiosraíonn an múinteoir tuiscint an pháiste trí cheisteanna a chur ar an rang.

Spreagann sé seo comhrá ranga, comhrá beirte agus comhrá baile chomh maith, a chabhraíonn le dul chun cinn agus líofacht an pháiste sa teanga.

Déantar athdhéanamh straitéiseach i ngach leabhar agus de réir a chéile feicfidh tú go mbeidh foclóir agus frásaí in úsáid agat féin sa bhaile go rialta.

Introduction

Léigh sa Bhaile is a new series of Irish language books for primary school. They aim to develop reading fluency, comprehension skills and vocabulary development by encouraging *daily and independent* reading at home. Each book consists of 120 single page units, with a variety of styles and genres. Each of the ten themes of the curriculum is covered regularly to ensure development of the theme throughout the school year. These vibrant, interesting and modern books are designed to be easily used by teachers, parents and the children at each level.

The *Léigh sa Bhaile* series encourages daily reading practice, which is a key element in promoting literacy. It allows for consistency and constant progression from year to year. The series aims to develop not only the children's reading and comprehension skills, but their oral skills also. It has a modern approach to learning and to developing the language.

How to use *Léigh sa Bhaile*

Children are assigned one page of reading for homework each day of the week, except Friday. The teacher can check the reading ability the following day by orally asking the questions provided on each page. Class discussion can also be used to help develop the oral language skills of the children.

Clár

Seachtain	Lá		Téama	Leathanach
1	1	Mise!	Mé Féin	1
	2	Bialann	Bia	2
	3	Mo Theach	Sa Bhaile	3
	4	An Nuacht	Teilifís	4
2	1	Cárta Poist ó Pháras	Siopadóireacht	5
	2	An Fhrainc	Eadaí	6
	3	Mo Theaghlach	Mé Féin	7
	4	An Domhan thart orainn	Scoil	8
3	1	An Leathchraobh	Aimsir	9
	2	Éadaí i nGach Áit!	Eadaí	10
	3	Mamó agus Casey	Siopadóireacht	11
	4	Comórtas Cócaireachta	Teilifís	12
4	1	Ag Glanadh an Tí	Sa Bhaile	13
	2	Cómhrá Beirte	Scoil	14
	3	Léarscáil na hÉireann	Scoil	15
	4	Ag Ordú Bia	Siopadóireacht	16
5	1	Dinnéar i nGach Áit!	Sa Bhaile	17
	2	Sláthach	Sa Bhaile	18
	3	Cic Pionóis	Caitheamh Aimsire	19
	4	Mapa den Zú	Ocáidí Speisialta	20
6	1	Tionscnamh Tíreolaíochta (1)	Scoil	21
	2	Sladmhargadh	Siopadóireacht	22
	3	Ag Siopadóireacht sa Chathair	Siopadóireacht	23
	4	Nóta ó Mhamaí	Sa Bhaile	24
7	1	Agallamh	Teilifís	25
	2	Biachlár	Bia	26
	3	Cuaillí Eolais	Sa Bhaile	27
	4	Seanteach	Sa Bhaile	28

Seachtain	Lá		Téama	Leathanach
8	1	Sábháilteacht Oíche Shamhna	Ocáidí Speisialta	29
	2	Oíche Shamhna	Ocáidí Speisialta	30
	3	Féasta Mór	Eadaí	31
	4	Féastaí agus Féilte	Sa Bhaile	32
9	1	An Chistin	Sa Bhaile	33
	2	Síolta	Bia	34
	3	Casadh Nua ar an Scéal	Aimsir	35
	4	An Ghaeltacht	Sa Bhaile	36
10	1	Críostóir Colambas	Scoil	37
	2	Mo Chat	Sa Bhaile	38
	3	Réamhaisnéis na hAimsire	Aimsir	39
	4	Liathróid i bPáirc an Chrócaigh	Caitheamh Aimsire	40
11	1	Lampa Draíochta	Mé Féin	41
	2	Mars	Scoil	42
	3	An Scipatón	Caitheamh Aimsire	43
	4	An Fear Bréige	Eadaí	44
12	1	Ullmhóidh Sorcha an Dinnéar	Bia	45
	2	An Cluiche Sacair	Caitheamh Aimsire	46
	3	An Geimhreadh	Aimsir	47
	4	Arachnaphobia	Sa Bhaile	48
13	1	Iníon de Búrca	Eadaí	49
	2	Madra Nua	Eadaí	50
	3	Méara Éisc agus Sceallóga	Bia	51
	4	Seomra Rúnda	Teilifís	52
14	1	Ag Ithe go Folláin	Bia	53
	2	Éadaí Nua	Siopadóireacht	54
	3	Mo Chara Amy	Siopadóireacht	55
	4	Seachtain Mark	Mé Féin	56
15	1	Daidí na Nollag	Ocáidí Speisialta	57
	2	Oíche Chiúin	Ocáidí Speisialta	58
	3	Lá Saor	Teilifís	59
	4	Oíche Nollag	Ocáidí Speisialta	60

CLÁR

Seachtain	Lá		Téama	Leathanach
16	1	Ríomhphost ó Laura	Caitheamh Aimsire	61
	2	Cuireadh chuig Bainis	Ocáidí Speisialta	62
	3	An Bhainis	Eadaí	63
	4	Mothúcháin	Mé Féin	64
17	1	Lá amuigh leis an gClann	Teilifís	65
	2	Éire	Scoil	66
	3	Sneachta ag Titim	Aimsir	67
	4	Cosa Croise	Eadaí	68
18	1	Andy Lee	Caitheamh Aimsire	69
	2	Clár Teilifíse	Teilifís	70
	3	Clár Ama	Teilifís	71
	4	Bláthanna	Sa Bhaile	72
19	1	Plúirín Bán agus an Seachtar Abhac	Sa Bhaile	73
	2	Cuairt ar an Ospidéal	Ocáidí Speisialta	74
	3	Seó Faisin	Eadaí	75
	4	I Sáinn sa Sneachta	Aimsir	76
20	1	Comhrá Beirte – Cad atá uait don Phicnic?	Bia	77
	2	Cluiche – An Crochadóir!	Scoil	78
	3	Cois na Farraige	Aimsir	79
	4	Ceacht Tíreolaíochta	Bia	80
21	1	Arán Banana	Bia	81
	2	Athchúrsáil	Scoil	82
	3	An Brat Glas	Scoil	83
	4	Seantraidisiúin na Cásca in Éirinn	Ocáidí Speisialta	84
22	1	An Cú	Caitheamh Aimsire	85
	2	An tEarrach	Aimsir	86
	3	Ag Campáil ar Chúl an Tí	Caitheamh Aimsire	87
	4	Naomh Pádraig	Ocáidí Speisialta	88
23	1	Ríomhphost ó Mhamó	Mé Féin	89
	2	Litir Leithscéil	Mé Féin	90
	3	Dialann Teagan	Mé Féin	91
	4	Nuachtán	Siopadóireacht	92

Seachtain	Lá		Téama	Leathanach
24	1	Siúlóid Faoin Tuath	Bia	93
	2	Inné	Mé Féin	94
	3	Inniu/Gach Lá	Mé Féin	95
	4	Amárach	Mé Féin	96
25	1	Drámaíocht ar Scoil – An Nuacht!	Teilifís	97
	2	An Raibh a Fhios Agat?	Bia	98
	3	Traenáil don Mhadra	Caitheamh Aimsire	99
	4	Bealaí Taistil Éagsúla	Scoil	100
26	1	Rí Midas	Mé Féin	101
	2	Dá mBeadh!	Mé Féin	102
	3	An Teaghlach agus an Teilifís	Teilifís	103
	4	Ionad Campála	Caitheamh Aimsire	104
27	1	Rialacha na Scoile	Scoil	105
	2	Teanga Chomharthaíochta	Scoil	106
	3	Campa Gaeltachta	Caitheamh Aimsire	107
	4	Curiarrachtaí Aite Domhanda	Caitheamh Aimsire	108
28	1	An Samhradh	Aimsir	109
	2	Turas Scoile	Scoil	110
	3	Ag Críost an Síol	Mé Féin	111
	4	Nóiníní Bána	Aimsir	112
29	1	Tinneas Farraige	Aimsir	113
	2	Na Lochlannaigh	Bia	114
	3	Louis Braille	Scoil	115
	4	Tuarisc Scoile	Scoil	116
30	1	Scoil Nua!	Scoil	117
	2	An Cheolchoirm	Caitheamh Aimsire	118
	3	Cois Farraige	Caitheamh Aimsire	119
	4	Ar mo Laethanta Saoire	Aimsir	120

Mise!

Scoil Uí Lachain

Dia dhuit.
Danny is ainm dom.
Tá mé aon bhliain déag d'aois.
Tá mé i rang a sé.
Scoil Uí Lachain is ainm do mo scoil.

Tá cúigear i mo chlann.
Is mise an duine is óige.
Tá beirt deartháireacha agus deirfiúr amháin agam.
Cónaím in árasán i mbruchbhaile cois farraige.
Is breá liom iománaíocht.
Imrím ar fhoireann na scoile.

CEISTEANNA

Athraigh na habairtí ón bhfoirm 'mé' go 'sé'.
1. **Cén aois é Danny?** *(What age is Danny?)*
2. **Cén rang ina bhfuil sé?** *(What class is he in?)*
3. **Cad is ainm do scoil Danny?**
   (What is the name of Danny's school?)
4. **Cé mhéad duine atá i gclann Danny?**
   (How many people are there in Danny's family?)
5. **An maith leis peil?** *(Does he like football?)*

FOCLÓIR

is óige *youngest*   árasán *apartment*
bruchbhaile *suburb*
cois farraige *beside the sea*

SEACHTAIN 1 • LÁ 1

Bialann

Tá a lán bialann éagsúil i mo cheantar.
Tá bialann Fhrancach, Iodálach, Shíneach, Spáinneach agus ceann píotsa ann.
Is maith liom iad ar fad ach is fearr liom an bhialann phíotsa.

Ithim an rud céanna i gcónaí!
Ithim cloicheáin don chúrsa tosaigh.
Ansin ithim píotsa le liamhás agus anann don phríomhchúrsa.
Ní bhíonn milseog agam riamh.

Is breá le mo thuismitheoirí an bia ansin chomh maith ach ní hí sin an bhialann is fearr leo.
An bhialann is fearr leo ná an bhialann Fhrancach.

CEISTEANNA

1 **Cén saghas bialann atá ina ceantar?**
   (What type of restaurants are in her area?)
2 **Céard í an bhialann is fearr léi?**
   (What is her favourite restaurant?)
3 **Céard a itheann sí don chúrsa tosaigh?**
   (What does she eat for her starter?)
4 **Céard a itheann sí don phríomhchúrsa?**
   (What does she eat for her main course?)
5 **Céard í an bhialann is fearr lena tuismitheoirí?**
   (Which is her parents' favourite restaurant?)

FOCLÓIR

Francach *French*	**Iodálach** *Italian*
Síneach *Chinese*	**Spáinneach** *Spanish*
rud céanna *same thing*	
cloicheáin *prawns*	**cúrsa tosaigh** *starter*
liamhás *ham*	**anann** *pineapple*
príomhchúrsa *main course*	**milseog** *dessert*

Mo Theach

Féach ar mo theach.
Is teach leathscoite é.
Tá naoi seomra ann agus gairdín cúil.
Thíos staighre tá cistin, seomra suite, seomra folctha beag agus teach gloine.
Thuas staighre tá trí sheomra codlata, oifig agus seomra folctha mór le cith agus folcadán ann.
Is breá liom an gairdín cúil.
Tá a lán bláthanna agus glasraí ann agus tá trampailín agus ciseán cispheile ann chomh maith.

CEISTEANNA

1 **Cén saghas tí é?** *(What type of house is it?)*
2 **Cé mhéad seomra atá ann?**
   (How many rooms are there in it?)
3 **Céard atá thíos staighre sa teach?**
   (What is downstairs in the house?)
4 **Cé mhéad seomra codlata atá ann?**
   (How many bedrooms are there in it?)
5 **Céard atá sa ghairdín?** *(What is in the garden?)*

FOCLÓIR

leathscoite *semi-detached*
thíos staighre *downstairs*
thuas staighre *upstairs*
cith *shower*   **folcadán** *bath*

An Nuacht

Bhí an chlann ina suí sa seomra suite.
Bhí sé a naoi a chlog.
'Cas air an nuacht', arsa Mamaí.
Chuir Jack nuacht TG4 ar siúl.
Líon guth an léitheora nuachta an seomra suite.
'Tharla timpiste bhóthair sna Clocha Liatha ag a hocht a chlog ar maidin.
Bhí na gardaí agus otharcharr ag suíomh na timpiste láithreach.
Bhuail carr fear a bhí ag rothaíocht agus gortaíodh é.
Tugadh chuig ospidéal Bhaile Átha Cliath é.
Má tá aon eolas agat faoin timpiste cuir glaoch ar na gardaí.'

CEISTEANNA

1. Cá raibh an chlann? *(Where was the family?)*
2. Cén t-am a bhí ann? *(What time was it?)*
3. Céard a chuir Jack ar siúl? *(What did Jack put on?)*
4. Céard a líon an seomra suite? *(What filled the sitting room?)*
5. Cén t-ospidéal ar tugadh an fear chuige?
   (What hospital was the man taken to?)

FOCLÓIR

líon guth *voice filled*
léitheoir nuachta *newsreader*
timpiste bhóthair *road accident*
láithreach *instantly/immediately*
gortaíodh é *he was hurt*

Cárta Poist ó Pháras

A Ruairí, a chara,

Conas atá tú? Tá súil agam go bhfuil tú go maith. Tá mé ar mo chuid laethanta saoire i bPáras. Tá an áit seo go hálainn. Táimid ag fanacht in óstán iontach i lár na cathrach.

Chuamar suas ar Thúr Eiffel inné. Bhí an radharc ar fheabhas. Bhí eagla an domhain ar Aaron. Chaith mo Mhamaí an lá ag siopadóireacht, níl mo Dhaidí róshásta!

Beimid ag dul go Disneyland amárach; tá mé ar bís. Beimid ag dul abhaile Dé Domhnaigh. Feicfidh mé ar scoil thú Dé Luain; cheannaigh mé bronntanas beag duit.
Slán go fóill,
Do chara,
Mia

CEISTEANNA

1 Cé a scríobh an cárta poist? *(Who wrote the postcard?)*
2 Cá bhfuil Mia? *(Where is Mia?)*
3 Cá bhfuil sí ag fanacht? *(Where is she staying?)*
4 Cá ndeachaigh sí inné? *(Where did she go yesterday?)*
5 Cá mbeidh sí ag dul amárach? *(Where will she go tomorrow?)*

FOCLÓIR

ag fanacht *staying*
chuamar suas *we went up*
an radharc *the view*
chaith mo Mhamaí an lá *my Mammy spent the day*
beimid ag dul *we will be going*
feicfidh mé thú *I will see you*

An Fhrainc

An raibh tú riamh sa Fhrainc?
Tír álainn san Eoraip is ea í.
Labhraíonn na daoine Fraincis.
Tá sé mhilliún is seasca duine ina gcónaí ann.

Itheann muintir na Fraince cineálacha éagsúla bia. Itheann siad a lán aráin (la baguette), cáis, gach sórt feoil agus glasraí.

Is é Páras an phríomhchathair.
Bíonn Páras plódaithe le daoine an t-am ar fad.
Tá go leor áiteanna stairiúla agus suimiúla ann, mar shampla Túr Eiffel agus an Louvre.

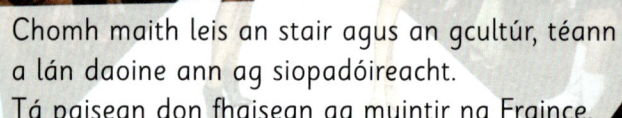

Chomh maith leis an stair agus an gcultúr, téann a lán daoine ann ag siopadóireacht.
Tá paisean don fhaisean ag muintir na Fraince.

Tá grá mór don spórt acu freisin, rugbaí agus sacar go háirithe.

CEISTEANNA

1. **Cá bhfuil an Fhrainc?** *(Where is France?)*
2. **Cén teanga a labhraíonn muintir na Fraince?** *(What language do the people of France speak?)*
3. **Cad a itheann siad?** *(What do they eat?)*
4. **Cé mhéád duine atá ina gcónaí ann?** *(How many people live there?)*
5. **Cad í an phríomhchathair?** *(What is the capital city?)*

FOCLÓIR

tír *country*   labhraíonn *speak*
sé mhilliún is seasca *sixty-six million*
príomhchathair *capital city*
plódaithe *packed*   go háirithe *in particular*

Mo Theaghlach

'Dia duit. Is mise Pól de Búrca.
Tá mé aon bhlian déag d'aois.
Tá mo lá breithe ar an gcéad lá de mhí na Samhna.
Tá mé i mo chónaí i nGaillimh.
Tá cúigear i mo theaghlach.
Tá deartháir amháin agam agus tá deirfiúr amháin agam.'

'Is feirmeoir é mo m'athair.
Is altra í mo mháthair.
Is í mo dheirfiúr an duine is óige sa chlann.
Is é mo dheartháir an páiste is sine sa chlann.
Tá sí i rang a trí, tá mé i rang a sé agus tá mo dheartháir sa mheánscoil.
Bímid i gcónaí ag troid ach is breá liom mo mhuintir.'

CEISTEANNA

1 **Cén aois é Pól?** *(What age is Pól?)*
2 **Cá bhfuil sé ina chónaí?** *(Where does he live?)*
3 **Cé mhéad duine atá sa teaghlach?** *(How many are in the family?)*
4 **Cén rang ina bhfuil a deirfiúr?** *(What class is his sister in?)*
5 **Cén rang ina bhfuil Pól?** *(What class is Pól in?)*

FOCLÓIR

sa mheánscoil *in secondary school*
i gcónaí ag troid *always fighting*

An Domhan thart orainn

Seo í léarscáil na hEorpa.
An raibh tú riamh thar lear?
Cá raibh tú?
Tá a teanga féin ag beagnach gach tír.
Labhraíonn muintir na hÉireann Gaeilge agus Béarla.
Is teanga Cheilteach í an Ghaeilge.
Labhraíonn muintir Shasana Béarla.
Labhraíonn muintir na Fraince Fraincis.
Labhraíonn muintir na hIodáile Iodáilis.
Labhraíonn muintir na Spáinne Spáinnis.
Labhraíonn muintir na Gearmáine Gearmáinis.
Ná déan dearmad, 'Tír gan teanga, tír gan anam.'

CEISTEANNA

1 **Cad a labhraíonn na daoine in Éirinn?**
 (What do the people of Ireland speak?)
2 **Cén sórt teanga í an Ghaeilge?**
 (What sort of language is Irish?)
3 **Cad a labhraíonn na daoine i Sasana?**
 (What do the people in England speak?)
4 **Cad a labhraíonn na daoine sa Spáinn?**
 (What do the people in Spain speak?)
5 **Cad a labhraíonn na daoine sa Ghearmáin?**
 (What do the people in Germany speak?)

FOCLÓIR

léarscáil na hEorpa *map of Europe*
Fraincis *French*   **Iodáilis** *Italian*
Spáinnis *Spanish*   **Gearmáinis** *German*
tír gan teanga, tír gan anam
a country without a language is a country without a soul

An Leathchraobh

Beidh Scoil Uí Riada agus Scoil Naomh Áine ag imirt sa leathchraobh iománaíochta um thráthnóna. Beidh an cluiche ag tosú ag a ceathair a chlog i bPáirc Parnell.
Beidh an scoil ar fad ag dul chun tacaíocht a thabhairt don fhoireann.

Ach ag a dó a chlog, thosaigh sé ag stealladh báistí.
Cuireadh an cluiche ar ceal mar bheadh an pháirc rófhliuch chun an cluiche a imirt.

Bhí díomá ar an bhfoireann agus ar an lucht tacaíochta. Imreoidh siad an cluiche an tseachtain seo chugainn.

CEISTEANNA

1 Cé a bheidh ag imirt sa leathchraobh iománaíochta?
   (Who will be playing in the hurling semi-final?)
2 Cén t-am a bheidh an cluiche ag tosú? (What time will the game start?)
3 Cé a bheidh ag dul ann chun tacaíocht a thabhairt?
   (Who will be going to support?)
4 Cén t-am a thosaigh sé ag stealladh báistí?
   (What time did it start raining?)
5 Cén uair a imreoidh siad an cluiche? (When will they play the game?)

FOCLÓIR

leathchraobh *semi-final*
tacaíocht *support*
ag stealladh báistí *lashing rain*
rófhliuch *too wet*
curtha ar ceal *postponed*

Éadaí i nGach Áit!

Bhí Clann Uí Dhónaill ag bogadh tí.
Bhí siad ag pacáil ar feadh trí seachtaine.
Inniu, bhí siad ag glanadh amach a seomraí codlata.
Thóg Seán a chuid éadaigh ar fad amach as na tarraiceáin.
Bhí na boscaí thíos staighre.
Thosaigh sé ag siúl síos an halla le beart mór éadaí ina lámha ach thit sé ar a iallacha.
Thuirling sé ar an urlár agus chuaigh na héadaí i ngach áit.
Rith Mamaí amach as an seomra codlata.
Thosaigh Seán ag gáire ach bhí fearg ar a mhamaí.
'Bí cúramach!' arsa Mamaí leis.

CEISTEANNA

1 Cé a bhí ag bogadh tí? *(Who was moving house?)*
2 Cad a thóg Seán amach as na tarraiceáin?
 (What did Seán take out of the drawers?)
3 Céard a bhí thíos staighre? *(What was downstairs?)*
4 Cár thosaigh sé ag siúl? *(Where did he start walking?)*
5 Ar thosaigh Mamaí ag gáire? *(Did Mammy start laughing?)*

FOCLÓIR

i ngach áit *everywhere*   tarraiceáin *drawers*
beart mór *big bundle*   iallacha *lace*

Mamó agus Casey

Tá madra ag Mamó.
Casey is ainm dó.
Is madra mór órga é.
Déanann Casey gach rud le Mamó.

Itheann siad béilí le chéile.

Léann siad nuachtán le chéile.

Tiomáineann siad sa charr le chéile.

Téann siad ar aifreann le chéile.
Téann siad ag siopadóireacht le chéile.

Tugann an chlann 'Mamó eile' ar Casey mar bíonn siad i gcónaí le chéile!

CEISTEANNA

1. **Cén t-ainmhí atá ag Mamó?** *(What animal does Granny have?)*
2. **Céard is ainm dó?** *(What is his name?)*
3. **Cén dath atá sé?** *(What colour is he?)*
4. **Liostaigh dhá rud a dhéanann Mamó agus Casey le chéile.**
   (List two things that Granny and Casey do together.)
5. **Céard a thugann an chlann ar Casey?** *(What does the family call Casey?)*

FOCLÓIR

tiomáineann *drive*
aifreann *mass*

Comórtas Cócaireachta

Is cócaire iontach í Sienna.
'An cócaire is fearr sa chlann,' a deir a Mamaí.
Tá Sienna ar bís.
Beidh sí ag dul ar chlár cócaireachta 'Chefs Óga' an tseachtain seo chugainn.
Sa chomórtas beidh seachtain iomlán cócaireachta ar siúl aici.
Beidh sé ar fad á thaifead don teilifís.
Beidh sí ag obair i gcistin i mbialann cháiliúil i lár an bhaile chomh maith ar feadh lá amháin.
Tá an-bhród ar thuismitheoirí Sienna! Beidh siad ann chun tacaíocht a thabhairt di, in éineacht lena deirfiúr Zoe agus a dearthair Luke.
Roghnóidh siad an cócaire is fearr ag deireadh an chomórtais.

CEISTEANNA

1 An cócaire maith í Sienna? *(Is Sienna a good cook?)*
2 Cé atá ar bís? *(Who is excited?)*
3 An mbeidh sí ag obair i gcistin i mbialann?
   (Will she be working in a kitchen in a restaurant?)
4 An bhfuil bród ar a tuismitheoirí?
   (Are her parents proud?)
5 Cén uair a roghnóidh siad an cócare is fearr?
   (When will they choose the best cook?)

FOCLÓIR

comórtas cócaireachta *cookery competition*
á thaifead don teilifís *to be recorded for television*
an-bhród *great pride*   in éineacht *alongside*
roghnóidh *will pick*

Ag Glanadh an Tí

1 Maidin Dé Sathairn a bhí ann. Bhí Mamaí agus Daidí ag glanadh an tí. Bhí na páistí ag cabhrú leo.

2 Ar dtús ghlan Mamaí an seomra folctha, an leithreas, an folcadán agus an doirteal. Ansin chóirigh sí na leapacha.

3 Ghlan Daidí an chistin, an t-urlár, an t-oigheann agus an cuisneoir. Ina dhiaidh sin ghlan sé na fuinneoga.

5 Ghlan an chlann an teach ó bhun go barr. Bhí obair le déanamh fós sa ghairdín, ach is obair é sin do lá eile.

4 Bhí na páistí sa seomra leapa. Chuir siad na héadaí ar ais sa vardrús. Chuir siad na leabhair ar ais ar an tseilf agus na bréagáin isteach sa bhosca bréagán.

CEISTEANNA

1. **Cén lá a bhí ann?** *(What day was it?)*
2. **Cé a bhí ag glanadh an tí?** *(Who was cleaning the house?)*
3. **Cé a bhí ag cabhrú leo?** *(Who was helping them?)*
4. **Cad a rinne Mamaí?** *(What did Mammy do?)*
5. **Cad a rinne na páistí?** *(What did the children do?)*

FOCLÓIR

ag cabhrú leo *helping them*
ar ais sa vardrús *back in the wardrobe*
ó bhun go barr *from top to bottom*
obair le déanamh fós *still work to do*
lá eile *another day*

Comhrá Beirte

Múinteoir: Cuir ceist ar do chara.

Aaron: Inis dom faoi do scoil.
Nathan: Scoil Naomh Ciarán is ainm don scoil.
Scoil do bhuachaillí is ea an scoil seo.
Tá a lán páistí inti.
Ceapaim go bhfuil fiche múinteoir inti freisin.

Aaron: An bhfuil leabharlann sa scoil?
Nathan: Tá leabharlann dhochreidte sa scoil.
Tá sí ar fheabhas.
Tá gach saghas leabhar inti, atá suimiúil do gach páiste.

Aaron: An bhfuil seomra ríomhaire sa scoil?
Nathan: Tá seomra ríomhaire inti.
Téim ann le mo rang agus mo mhúinteoir gach Céadaoin ar a deich a chlog ar feadh daichead nóiméad.
Úsáidim an t-idirlíon chun eolas a fháil.
Ó am go ham imrím cluichí matamaitice.

Aaron: An bhfuil éide scoile sa scoil seo?
Nathan: Tá. Caithimid léine bhán le bríste liath, agus geansaí atá liath freisin.

Aaron: An maith leat í?
Nathan: Tá sí ceart go leor.

Aaron: An maith leat scoil?
Nathan: Ó, is breá liom í.

CEISTEANNA

1. Cad is ainm don scoil? *(What is the name of the school?)*
2. Cén sórt scoile í? *(What sort of school is it?)*
3. An bhfuil leabharlann sa scoil? *(Is there a library in the school?)*
4. An bhfuil seomra ríomhaire sa scoil? *(Is there a computer room in the school?)*
5. Déan cur síos ar an éide scoile. *(Describe the school uniform.)*

FOCLÓIR

dochreidte *unbelievable*
suimiúil *interesting*
ar feadh daichead nóiméad *for forty minutes*
úsáidim *I use*   **caithimid** *we wear*

Ag Ordú Bia

Oíche Dé hAoine a bhí ann.
Bhí an chlann go léir sa seomra suí ag féachaint ar an teilifís.

"Tá ocras an domhain orm, ach ní féidir liom a bheith ag cócaireacht. Tá tuirse orm."

"Ar mhaith libh bia a ordú?"

"Ba mhaith. Ba mhaith linn."

Chuir Daidí glaoch ar an mbialann.

"Ceart go leor. Inis dom cad ba mhaith libh ón mbiachlár."

"Ba mhaith liom ceibeab agus rís fhriochta."

"Ba mhaith liom lacha rósta agus rís."

"Ba mhaith liom curaí sicín agus rís."

Tar éis fiche nóiméad bhí cnag ar an doras.
Bhí áthas an domhain ar an gclann, mar bhí siad lag leis an ocras.

CEISTEANNA

1. Cén lá a bhí ann? *(What day was it?)*
2. Cá raibh an chlann? *(Where was the family?)*
3. Cad a dúirt Mamaí? *(What did Mammy say?)*
4. Cad ba mhaith leis an mbuachaill? *(What did the boy want?)*
5. An raibh áthas ar an gclann? *(Was the family happy?)*

FOCLÓIR

bia a ordú *order food*
ceibeab *kebab*

Dinnéar i nGach Áit!

Bhí Jake ag tabhairt aire do na páistí.
Bhí triúr deartháireacha beaga aige agus bhí beirt chol ceatharacha ann chomh maith.
Bhí Mamaí agus Daidí as baile.
Chuir Jake an dinnéar ar an mbord.
Nóiméad amháin bhí siad ar fad ag ithe an dinnéir agus an chéad nóiméad eile bhí siad ar fad clúdaithe leis!
Bhí pasta agus anlann tráta ar fud an tseomra.
Lig sé béic as ach níor éist na páistí.
Rith siad amach as an seomra le bia ina gcuid gruaige agus ar a gcuid éadaigh.

CEISTEANNA

1 Cé a bhí ag tabhairt aire do na páistí? *(Who was looking after the children?)*
2 Cá raibh Mamaí agus Daidí? *(Where were Mum and Dad?)*
3 Céard a chuir Jake ar an mbord? *(What did Jake put on the table?)*
4 Céard a bhí ar fud an tseomra? *(What was all over the room?)*
5 Ar rith na páistí amach as an seomra? *(Did the children run out of the room?)*

FOCLÓIR

ag tabhairt aire *minding*
nóiméad amháin *one minute*
clúdaithe leis *covered with it*

Sláthach

Comhábhair
Tá gliú, dhá chupán phlaisteacha, spúnóg phlaisteach, uisce, dathú bia agus púdar borax ag teastáil.

1. Líon cupán le huisce.

2. Cuir isteach spúnóg amháin den phúdar borax. Measc é agus fág ar leathaobh é.

3. Líon cupán le horlach gliú.

4. Cuir cúpla spúnóg uisce isteach sa chupán.

5. Cuir isteach trí nó ceithre bhraon den dathú bia.

6. Cuir isteach dhá spúnóg bheaga as an gcéad chupán.

7. Tosnóidh an sláthach ag éirí crua.

CEISTEANNA

1. Céard iad na comhábhair atá ag teastáil? *(What are the ingredients needed?)*
2. Céard í céim a haon? *(What is step one?)*
3. Céard í céim a trí? *(What is step three?)*
4. Céard í céim a cúig? *(What is step five?)*
5. Céard í céim a seacht? *(What is step seven?)*

FOCLÓIR

sláthach *slime*
comhábhair *ingredients*
plaisteach *plastic*
dathú bia *food colouring*
fág ar leathaobh *leave to the side*

Cic Pionóis

Bhí an chlann ar fad ag suí i staid Aviva.
Bhí cluiche mór peile ar siúl.
Bhí foireann na hÉireann ag imirt in aghaidh fhoireann na Gearmáine.
Bhí foireann na Gearmáine an-láidir ar fad.
Scóráil siad dhá chúl sa chéad leath.
Fuair foireann na hÉireann cúl amháin ag tús an dara leath.
Sa dá nóiméad dheireanacha scóráil foireann na hÉireann cúl eile.
Chríochnaigh an cluiche ar chomhscór.
Fuair gach foireann sé chic pionóis.
Bhuaigh Éire le cúl amháin sa deireadh.
Bhí an fhoireann thar barr agus bhí lúcháir ar an lucht tacaíochta.

CEISTEANNA

1 Cá raibh an chlann? *(Where was the family?)*
2 Cé a bhí ag imirt? *(Who was playing?)*
3 Cé a bhfuair cúl amháin ag tús an dara leath? *(Who scored in the second half?)*
4 Cé mhéad cic pionóis a fuair gach foireann? *(How many penalty kicks did each team get?)*
5 Cé a bhuaigh sa deireadh? *(Who won in the end?)*

FOCLÓIR

cic pionóis *penalty kick*
an-láidir *very strong*   an chéad leath *first half*
an dara leath *second half*   comhscór *draw*
thar barr *excellent*   lúcháir *delight*

Mapa den Zú

Seo Mapa de Zú Bhaile Átha Cliath.
Tá a lán cineálacha éagsúla ainmhithe sa zú.
Is zú an-mhór é agus téann na céadta duine ann gach seachtain.
Ag bun an mhapa tá an bealach isteach agus an bealach amach.
Ag barr an mhapa tá Oileán na Simpeansaithe agus Foraois Bháistí na nGoraillí.
Ar chlé ar an mapa tá Sabhána na hAfraice agus an Fhoraois Spraoi.
Ar dheis ar an mapa tá Tithe na Reiptílí agus tá na heilifintí ann freisin.
An féidir leat na bialanna a aimsiú tú féin?

CEISTEANNA

1. **Céard a léiríonn an mapa seo?** *(What does this map show?)*
2. **Cé mhéad ainmhí éagsúil atá ann?** *(How many different animals are there?)*
3. **An zú mór é?** *(Is it a big zoo?)*
4. **Céard atá ar bharr an mhapa?** *(What is at the top of the map?)*
5. **Céard atá ar dheis ar an mapa?** *(What is on the right of the map?)*

FOCLÓIR

bealach isteach *way in*
bealach amach *way out*
simpeansaí *chimpanzee*
foraois bhaistí na ngoraillí *the gorilla rainforest*
sabhána *savanna*

Tionscnamh Tíreolaíochta (1)

An Luan a bhí ann. Chuir an múinteoir póstaer le léarscáil mhór den Eoraip ar crochadh ar an mballa.

"Ar mhaith libh tionscnamh a dhéanamh, a pháistí? Tá duais iontach ar fáil."

Comórtas do Rang 6
Tionscnamh 'An Eoraip'
Duais: Dhá mhíle euro don scoil

"Tá cead agaibh tír amháin a roghnú, nó tionscnamh ar an Eoraip i gcoitinne a dhéanamh."

"Cé mhéad ama a bheidh againn chun é a dhéanamh, a mhúinteoir?"

"Tá mí agaibh chun an tionscnamh a dhéanamh."

"Táimid ag dul go dtí seomra na ríomhairí anois chun eolas a fháil agus an tionscnamh a thosnú. Faighigí cóipleabhar agus peann agus ansin déanaigí líne ag an doras, a pháistí."

CEISTEANNA

1. **Cén lá a bhí ann?** (What day was it?)
2. **Cad a chuir an múinteoir ar an mballa?** (What did the teacher put on the wall?)
3. **Cad í an duais?** (What is the prize?)
4. **Cé mhéad ama atá ag na páistí?** (How much time do the children have?)
5. **Cá bhfuil an rang ag dul?** (Where is the class going?)

FOCLÓIR

tionscnamh *project*
duais *prize*   léarscáil *map*
chun eolas a fháil *to find information*

Sladmhargadh

Sladmharagh ar siúl
Cén áit: Siopa Spóirt
Ag tosú: Dé Sathairn 1ú Samhain
Ag críochnú: Dé hAoine 7ú Samhain

Gach rud ar leathphraghas

Margaí iontacha – mar shampla

	Bhí	Anois
Bróga reatha:	€60	€30
Bróga peile:	€50	€25
Raonchulaith Nike:	€80	€40
T-Léinte Adidas:	€20	€10

Siopa ar oscailt: 9:00am go dtí 8:00pm

CEISTEANNA

1 Cad atá ar siúl? *(What is on?)*
2 Cá bhfuil sé ar siúl? *(Where is it on?)*
3 Cathain a bheidh sé ar siúl? *(When will it be on?)*
4 Cén praghas atá ar bhróga peile anois?
   (What price are the football boots now?)
5 Cén praghas a bhí ar T-léinte Adidas?
   (What price were the Adidas T-shirts?)

FOCLÓIR

leathphraghas *half price*
mar shampla *for example*
raonchulaith *tracksuit*

Nóta ó Mhamaí

Lá amháin chuaigh Mamaí ar sos beag go dtí óstán galánta lena cara Bríd.

D'fhág sí nóta do Dhaidí agus do Chiara faoin níochán:

1. Nigh na héadaí bána le chéile.
2. Nigh na héadaí dorcha le chéile.
3. Nigh éadaí an linbh le chéile ach ná cuir in uisce róthe iad.
4. Cuir an púdar isteach san inneall níocháin agus cas an hanla go dtí a cúig.
5. Nuair a stopann as t-inneall, tóg amach na héadaí.
6. Croch na héadaí olla agus éadaí an linbh ar an líne má tá sé tirim amuigh.
7. Cuir gach rud eile sa triomadóir.

Go raibh maith agaibh.
Feicfidh mé Dé Domhnaigh sibh.
Mamaí x

CEISTEANNA

1. Cá ndeachaigh Mamaí? *(Where did Mammy go?)*
2. Cad a d'fhág sí do Dhaidí agus do Chiara? *(What did she leave for Daddy and Ciara?)*
3. Cad a dúirt sí faoi na héadaí bána? *(What did she say about the white clothes?)*
4. Cad a dúirt sí faoi éadaí an linbh? *(What did she say about the baby's clothes?)*
5. Cad a dúirt sí faoi na héadaí olla? *(What did she say about the woollen clothes?)*

FOCLÓIR

galánta *posh/fancy* róthe *too hot*
inneall níocháin *washing machine*
olann *wool* triomadóir *tumble dryer*

Agallamh

Bhí Jack le bheith ina agallóir don lá.
Chuaigh sé go dtí stiúideo in RTÉ.
Bhí sceitimíní air.
Bhí sé ag cur agallaimh ar a laoch Rory McIlroy.
Chuaigh Daidí in éineacht leis.
Is imreoir gailf é Rory.

Bhí deich gceist scríofa ag Jack.
Bhí Rory an-deas agus greannmhar.
Thug sé griangraif shínithe do Jack dá chairde.
Chuir sé comhairle ar dhaidí Jack chun cabhrú leis a bheith ina ghalfaire níos fearr chomh maith.
Chuaigh Jack agus Daidí abhaile sona sásta.

CEISTEANNA

1 Céard a bhí á dhéanamh ag Jack don lá? *(What was Jack doing for the day?)*
2 Cá ndeachaigh sé? *(Where did he go?)*
3 Cé air a raibh sé ag cur agallaimh? *(Who was he interviewing?)*
4 Cé mhéad ceist a bhí scríofa ag Jack? *(How many questions had Jack written?)*
5 Cén fáth ar chuir Rory McIroy comhairle ar Dhaidí Jack? *(Why did Rory McIroy advise Jack's Dad?)*

FOCLÓIR

agallamh *interview*
agallóir *interviewer*
laoch *hero*
comhairle *advice*

Biachlár

Cúrsaí Tosaigh

Anraith muisiriún
Diúilicíní le harán donn
Sailéad Caesar
Mealbhacháin agus liamhás Parma
Toirtín cáise goirme agus piorra

Príomhchúrsaí

Curaí sicín agus rís
Bradán le glasraí agus prátaí
Pasta le hanlann trátaí
Pióg sicín agus brocailí
Stéig le sceallóga agus sailéad

Milseog

Sailéad torthaí
Uachtar reoite
Pióg úll
Cáca seacláide
Cáis agus craicir

CEISTEANNA

1. An bhfuil anraith trátaí ar an mbiachlár? *(Is tomato soup on the menu?)*
2. An bhfuil toirtín cáise goirme agus piorra ar an mbiachlár?
   (Is a blue cheese and pear tart on the menu?)
3. An bhfuil bradán le sceallóga ar an mbiachlár?
   (Is salmon with chips on the menu?)
4. An bhfuil sailéad torthaí ar an mbiachlár? *(Is fruit salad on the menu?)*
5. Roghnaigh an béile is fearr leat ón mbiachlár.
   (Choose your favourite meal from the menu.)

FOCLÓIR

biachlár *menu*
cúrsaí tosaigh *starters*
diúilicíní *mussels*
mealbhachán *melon*
toirtín cáise goirme *blue cheese tart*
bradán *salmon*
pióg *pie*

Cuaillí Eolais

Usáidtear dhá teanga oifigiúla in Éirinn. Ár dteanga náisiúnta, an Ghaeilge, agus an Béarla. Bíonn focail Ghaeilge agus Bhéarla ar na cuaillí eolais timpeall na háite. Mar shampla do thránna,

do shiúlóidí,

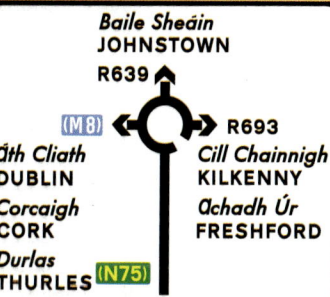  agus do chomharthaí taistil.

Bíonn Gaeilge agus Béarla le feiceáil ar fud an chórais iompair phoiblí freisin.

Seo samplaí de na cuaillí eolais eile atá le feiceáil inniu in Éirinn.

CEISTEANNA

1. Cé mhéad teanga oifigiúla a údáidtear in Éirinn?
   (How many official languages are used in Ireland?)
2. Cá mbíonn Gaeilge agus Béarla le feiceáil?
   (Where can Irish and English be seen?)
3. Tabhair sampla de na rudaí a bhíonn ar na cuaillí eolais.
   (Give an example of what is on the signposts.)
4. An mbíonn Gaeilge agus Béarla le feiceáil ar an gcóras iompair phoiblí?
   (Are Irish and English evident on the public transport system?)
5. An bhfaca tú aon chuaillí eolais eile sa dá teanga?
   (Have you seen any other signposts in the two languages?)

FOCLÓIR

teanga *languages*
teanga náisiúnta *national language*
cuaillí eolais *signposts*
timpeall na háite *all over the place*
córas iompair phoiblí *public transport system*

Seanteach

Tá seanteach ag bun mo shráide.
Is teach dhá stór é.
Níl aon duine ina chónaí ann le fada an lá.
Tá fuinneoga briste agus líonta damháin alla ar fud an tí.
Tá an féar chomh fada sin go gcailltear a lán liathróidí ann.
Deirtear go bhfuil taibhsí sa teach chomh maith.
Tá eagla an domhain orm roimh an teach!
Rithim go sciobtha aon uair a bhíonn orm dul thairis.
Tá eagla ar na páistí uilig san estáit roimh an teach.
Níl eagla ar na deagóirí faoi agus uaireannta bíonn siad ag spraoi sa ghairdín.

CEISTEANNA

1. Céard atá ag bun na sráide? *(What is at the bottom of the street?)*
2. An bhfuil aon duine ina chónaí ann? *(Does anybody live there?)*
3. Céard atá ar fud an tí? *(What are all over the house?)*
4. An bhfuil an féar fada? *(Is the grass long?)*
5. An ndeirtear go bhfuil taibhsí sa teach? *(Is it said that there are ghosts in the house?)*

FOCLÓIR

sráid *street*
le fada an lá *for a long time*
féar *grass*
go sciobtha *quickly*
deagóirí *teenagers*
uaireannta *sometimes*

Sábháilteacht Oíche Shamhna

An Luan a bhí ann.
Thug na gardaí cuairt ar rang a sé.
Bhí Oíche Shamhna ag teacht aníos agus bhí na gardaí ag caint faoin dainséar a bhain leis an oíche.

Seo iad na rudaí a dúirt siad:
1. Bí cúramach ar na sráideanna.
2. Ná bí ag pleidhcíocht le tinte ealaíne.
3. Fan siar ón tine chnámh.
4. Ná caith aon rud ar an tine chnámh.
5. Ná fág do pheata taobh amuigh.
6. Bí cineálta le daoine nuair a bhíonn tú ag dul ó theach go teach.

Chuir na páistí cúpla ceist ar na gardaí. Bhí a lán scéalta éagsúla ag na páistí. Nuair a bhí siad críochnaithe ag caint, ghabh an múinteoir buíochas leis na gardaí. Thug na gardaí cuairt ar na ranganna eile sa scoil.

CEISTEANNA

1. Cén lá a bhí ann? *(What day was it?)*
2. Cé a thug cuairt ar rang a sé? *(Who visited 6th class?)*
3. Cad a bhí ag teacht aníos? *(What was coming?)*
4. Cad iad na rudaí a dúirt na gardaí? *(What were the things the gardaí said?)*
5. Ar thug na gardaí cuairt ar na ranganna eile sa scoil? *(Did the gardaí visit other classes in the school?)*

FOCLÓIR
- bí cúramach — be careful
- ag pleidhcíocht — messing
- tinte ealaíne — fireworks
- tine chnámh — bonfire
- críochnaithe — finished
- buíochas — thanks

Oíche Shamhna

Seo chugaibh an taibhse,
Go dtí an doras cúil,
Istigh ina mhála tá cnó agus úll.
'Ní aithníonn sibh mise
Táim gléasta go hait
Mo mhála ag líonadh
Cuir rud ann; seo leat!'

Mar seo Oíche Shamhna,
Oíche an spóirt.

Tá an spéir amuigh lasta
Le réalta is pleascóg
Oíche bhreá Shamhna
Chugaibh féin ón tsióg!

Is mise an chailleach
'S mé dhein bairín breac.
Bain triail as, a chara
Don fháinne's don chraic!

Mar seo Oíche Shamhna,
Oíche an spóirt.

Le Con Ó Tuama

GNÍOMH

Léigh agus foghlaim an dán. *(Read and learn the poem.)*

FOCLÓIR

aithníonn *recognise* ag líonadh *filling*
lasta *lit* pleascóg *cracker*

Féasta Mór

Oíche Shamhna a bhí ann.
An t-aonú lá is tríocha de Dheireadh Fómhair.

Bhí féasta mór ar siúl i dteach Shaoirse.
Bhí sceitimíní áthais ar na páistí.
Bhí na daoine fásta ag caint agus ag gáire le chéile.
Bhí an teach maisithe acu, bhí puimcíní ar lasadh ag an doras agus san fhuinneog.
Bhí bia blasta ar an mbord, cnónna, milseáin, bairín breac agus a lán rudaí eile.
Bhí gach duine gléasta suas, na páistí agus na daoine fásta chomh maith.

Tar éis an bhia agus na gcluichí, chuaigh siad go léir go lár an bhaile.
Bhí tine chnámh ar lasadh agus bhí tinte ealaíne ar siúl ann freisin.
Oíche iontach a bhí ann.

CEISTEANNA

1. Cén dáta a bhí ann? *(What date was it?)*
2. Cá raibh an féasta? *(Where was the party?)*
3. Cá raibh na puimcíní? *(Where were the pumpkins?)*
4. Cad a bhí ar an mbord? *(What was on the table?)*
5. Cá ndeachaigh siad tar éis an bhia? *(Where did they go after the food?)*

FOCLÓIR

an t-aonú lá is tríocha *the 31st*
maisithe *decorated*

Féastaí agus Féilte

▶ **An Cháisc:**
Féile mhór do Chríostaithe is ea an Cháisc. Ceiliúrann daoine aiséirí Íosa ón mbás. Lasann doine coinnle sna séipéil mar chreideann siad gurb é Íosa solas an domhain.

Féile an Bhuíochais:
Féile mhór, thábhachtach do Mheiriceánaigh is ea Féile an Bhuíochais.
Bíonn sé ar siúl ar an gceathrú Déardaoin de Shamhain gach bliain.
Gabhann siad buíochas le Dia ar an lá sin. Caitheann an teaghlach an lá le chéile agus itheann siad turcaí agus béile blasta.

▶ **Mardi Gras:**
Tá cáil speisialta ar Mardi Gras sa Bhrasaíl agus i New Orleans i Meiriceá. Bíonn féasta mór sráide ann le ceol, damhsa agus tinte ealaíne.

CEISTEANNA

1. **Cén sórt féile í an Cháisc?** *(What sort of feast is Easter?)*
2. **Cad a lasann daoine sa séipéal?** *(What do people light in the church?)*
3. **Cad é Féile an Bhuíochais?** *(What is Thanksgiving?)*
4. **Cad a itheann daoine an lá sin?** *(What do people eat on that day?)*
5. **Cad é Mardi Gras?** *(What is Mardi Gras?)*

FOCLÓIR

Críostaithe *Christians*
ceiliúrann *celebrate*   aiséirí *resurrectio*
solas an domhain *light of the world*
tábhachtach *important*

An Chistin

Seo an chistin i mo theach.
Tá bord agus cathaoireacha i lár an tseomra.
Tá cófraí lán le bia agus uirlisí ithe agus cócaireachta timpeall an tseomra.
Tá trí tharraiceán lán le sceanra sa seomra.
Tá doirteal ar bharr na dtarraiceán.
Tá fuinneog agus dallóga os cionn an doirtil.
Tá cuisneoir agus reoiteoir sa chúinne.
Tá clog ann os cionn an chuisneora.
Tá meaisín níocháin i gcúinne eile an tseomra.

CEISTEANNA

1. Céard atá i lár an tseomra? *(What is in the middle of the room?)*
2. Céard atá lán le sceanra? *(What is full of cutlery?)*
3. Céard atá os cionn an doirtil? *(What is above the sink?)*
4. Cá bhfuil an cuisneoir agus reoiteoir? *(Where are the fridge and freezer?)*
5. An bhfuil clog ann? *(Is there a clock there?)*

FOCLÓIR

tarraiceáin *drawers*   sceanra *cutlery*
doirteal *sink*   os cionn *above*
cuisneoir *fridge*   reoiteoir *freezer*
meaisín níocháin *washing machine*

SEACHTAIN 9 • LÁ 1

Síolta

Bíonn síolta éagsúla in an-chuid plandaí eagsúla.
Is féidir leat an-chuid de na síolta a ithe.
Is samplaí de shíolta ó chrainn iad an gallchnó agus an cnó cócó.
Is féidir na síolta ó lus na gréine a ithe nó ola agus margairín a dhéanamh astu.
Bíonn roinnt síolta ar fáil taobh amuigh den toradh cosúil le sútha talún.
Agus bíonn roinnt síolta ar fáil taobh istigh den toradh cosúil le húlla nó trátaí.
Fágann síolta plandaí i roinnt slite éagsúla.
Uaireanta bogann daoine nó ainmhithe iad agus uaireanta bogann siad leis an ngaoth.

CEISTEANNA

1. Céard a bhíonn i bplandaí? *(What is in plants?)*
2. An féidir síolta a ithe? *(Can you eat seeds?)*
3. Ainmnigh roinnt síolta ó chrainn. *(List some seeds from trees.)*
4. An féidir le síolta a bheith taobh amuigh de thorthaí? *(Can seeds be on the outside of fruit?)*
5. Conas a bhogann síolta? *(How do seeds move?)*

FOCLÓIR

síolta *seeds* **gallchnó** *walnut*
cnó cócó *coconut*
lus na gréine *sunflower*
bogann daoine *people move*

Casadh Nua ar an Scéal

Cé a bhí ag ithe mo bhia agus ag caitheamh mo chuid éadaigh?

Lá fuar geimhridh a bhí ann agus bhí na trí bhéar préachta leis an bhfuacht sa choill.
'Ceapaim go bhfuil Cinnín Óir agus a clann as baile, fanfaimid ansin,' arsa Mamaí Béar.
Nuair a shroich siad teach Chinnín Óir, ní raibh duine ar bith le feiceáil.
Chuaigh siad isteach.
Las siad an tine agus d'ith siad an bia ar fad a bhí sna cófraí.
Chaith Báibín Béar geansaí agus scairf Chinnín Óir fiú cé go raibh siad róbheag!
Go tobann, osclaíodh an doras agus shiúil clann Chinnín Óir isteach.
Lig Mamaí Chinnín Óir béic aisti nuair a chonaic sí na trí bhéar ina suí os comhair na tine.
'Rithigí,' arsa Daidí Chinnín Óir.

CEISTEANNA

1 Cén saghas lae a bhí ann? *(What type of day was it?)*
2 Cá ndeachaigh na trí bhéar? *(Where did the three bears go?)*
3 Céard a chaith Báibín Béar? *(What did Baby Bear wear?)*
4 Cé a lig béic aisti? *(Who let out a scream?)*
5 Céard a dúirt Cinnín Óir? *(What did Goldilocks say?)*

FOCLÓIR

préachta leis an bhfuacht *freezing with the cold*
as baile *out of the house*
fiú *even*

An Ghaeltacht

Is éard atá sa Ghaeltacht ná na háiteanna in Éirinn ina bhfuil an Ghaeilge mar phríomhteanga chumarsáide iontu.
Tá Gaeltachtaí éagsúla ar fáil ar fud na hÉireann.
Tá na príomhcheantair Ghaeltachta i nDún na nGall, Maigh Eo, Gaillimh, Ciarraí, Port Láirge agus Contae na Mí.
Téann an-chuid daoine ann chun freastal ar chúrsaí Gaeilge nó chun cúpla focal a labhairt.
Is áiteanna an-tábhachtach iad na Gaeltachtaí mar cabhraíonn siad go mór leis an teanga a choimeád beo.
Tá níos mó gnóthaí agus tionscal ag oscailt sna Gaeltachtaí anois agus is rud iontach é sin do na ceantair.

CEISTEANNA

1 Céard í an Ghaeltacht? *(What is the Gaeltacht?)*
2 Cá bhfuil na príomhcheantair Ghaeltachta?
   (Where are the main Gaeltacht areas?)
3 Cén fáth a dtéann an-chuid daoine go dtí an Ghaeltacht?
   (Why do a lot of people go to the Ghaeltacht?)
4 Cén fáth ar áiteanna tábhachtacha iad na Gaeltachtaí?
   (Why are Gaeltacht areas important?)
5 An raibh tú riamh sa Ghaeltacht? *(Were you ever in the Gaeltacht?)*

FOCLÓIR

is éard *what is meant*
príomhteanga chumarsáide *main language of communication*
chun freastal *to attend*
cabhraíonn *to help*
a choimeád beo *keep alive*
gnóthaí agus tionscail *businesses and industries*
iontach *excellent*

Críostóir Colambas

Fadó, fadó ní raibh a fhios ag daoine go raibh an domhan cruinn.
Chreid fear amháin go raibh sé cruinn agus bheartaigh sé dul timpeall an domhain.
Críostóir Colambas an t-ainm a bhí air.
Cheannaigh sé trí long, an Nina, an Pinta agus an Santa Maria.
Bhí fadhb ag Colambas, bhí eagla ar na mairnéalaigh dul leis.
Sa deireadh bhí air fir a thabhairt leis as na príosúin.
Lá amháin chonaic siad éan farraige.
Bhí siad cinnte go raibh talamh rompu amach.
Tar éis tamaill shroich siad talamh.
Ní raibh a fhios sin ag Colambas ag an am sin ach is Meiriceá a shroich sé.

CEISTEANNA

1 **An raibh a fhios ag daoine go raibh an domhan cruinn?**
   (Did people know that the world was round?)
2 **Cad a cheannaigh Colambas?** *(What did Columbus buy?)*
3 **Cén fhadhb a bhí aige?** *(What problem did he have?)*
4 **Cad a chonaic siad lá amháin?** *(What did they see one day?)*
5 **Cár shroich siad?** *(Where did they reach?)*

FOCLÓIR

cruinn *round*
chreid *believed*
fadhb *problem*
mairnéalaigh *sailors*
sa deireadh *in the end*
rompu *ahead of them*

Mo Chat

Gach maidin éirím ag a leathuair tar éis a seacht.
Siúlaim síos staighre go dtí an chistin chun mo bhricfeasta a ullmhú.
Bíonn mo chat i gcónaí ag fanacht liom ag doras na cistine.

Bíonn sé ag tabhairt amach mar bíonn ocras agus tart air.
Téim go dtí an cuisneoir agus tógaim amach an bainne.
Tugaim bainne agus bia dó.
Ólann agus itheann sé go tapa.

Bíonn sé sona sásta ansin.
Téann sé isteach sa leaba beag agus titeann sé ina chodladh arís.
Bíonn saol iontach aige.

CEISTEANNA

1. Cén t-am a éiríonn an buachaill? *(What time does the boy get up?)*
2. Cé a bhíonn ag an doras? *(Who is at the door?)*
3. Cén fáth a mbíonn sé ag tabhairt amach? *(Why does he complain?)*
4. Cad a thugann an buachaill dó? *(What does the boy give him?)*
5. Cá dtéann an cat ansin? *(Where does the cat go then?)*

FOCLÓIR

chun mo bhricfeasta a ullmhú *to prepare my breakfast*
i gcónaí *always*
ag fanacht liom *waiting for me*
cuisneoir *fridge*
téim *I go* **tugaim** *I give*

Réamhaisnéis na hAimsire

Agus anois Réamhaisnéis na hAimsire le Síle Ní Riain.

Dia Daoibh. Tá brón orm a rá go mbeidh drochaimsir ann ar fud na tíre amárach agus i rith an deireadh seachtaine.

Beidh sé stoirmiúil agus an-fhuar san oirthear agus sa deisceart amárach. Ní bheidh sé ach dhá chéim Celsius agus ag éirí níos fuaire i rith na hoíche.

Beidh sé fuar agus fliuch sa tuaisceart amárach agus ní bheidh sé ach dhá nó trí chéim i rith na hoíche.

Sin Réamhaisnéis na hAimsire, beidh mé ar ais anocht tar éis na Nuachta. Slán go fóill.

CEISTEANNA

1. **Cén sórt aimsire a bheidh ar fud na tíre amárach?**
   (What sort of weather will there be across the country tomorrow?)
2. **Cén sórt aimsire a bheidh san oirthear amárach?**
   (What sort of weather will there be in the east tomorrow?)
3. **Cén sórt aimsire a bheidh sa tuaisceart amárach?**
   (What sort of weather will there be in the north tomorrow?)
4. **Cén sórt aimsire a bheidh sa deisceart amárach?**
   (What sort of weather will there be in the south tomorrow?)

FOCLÓIR

drochaimsir *bad weather*
i rith *throughout*   beidh sé *it will be*
ag éirí níos fuaire *getting colder*

Liathróid i bPáirc an Chrócaigh

Preabann sí, casann sí,
Léimeann sí timpeall.
Cictear í, buailtear í,
Ard agus íseal.
Amanna tapa,
Uaireanta mall,
Suas agus síos,
Sall is anall.
Istigh sa chúl,
Thar an trasnán,
Croitear na bratacha
Glas agus bán
Ag luí ar an talamh
Nó eitil san aer,
Screadadh is béiceach
Ón slua go léir.

Le hÉamonn Ó Ríordáin

GNÍOMH

Léigh agus foghlaim an dán. *(Read and learn the poem.)*

FOCLÓIR

preabann *bounces*
casann *turns*
ard agus íseal *high and low*
trasnán *crossbar*
slua *crowd*

Lampa Draíochta

Bhí Alastar ag glanadh amach teach Mhamó. Thug sé cic do lampa trí thimpiste. Go tobann, tháinig ginid amach as an lampa. 'Cé thusa?' arsa Alastar. 'Is mise an ghinid, cé gur thug tú cic dom, tabharfaidh mé trí mhian duit'.

'Go hiontach, ba mhaith liom go mbeadh an teach seo glan,' a dúirt Alastar. Láithreach bonn, bhí an teach glan.

'Ba mhaith liom rothar nua'. Arís láithreach bonn, bhí rothar os a chomhair.

'Mmmm, cad eile atá ag teastáil uaim,' a dúirt Alastar. 'Don mhian dheireanach, ba mhaith liom a bheith ar fhoireann peile Learphoill'. Arís láithreach bonn, bhí sé ag seasamh i staid Learphoill in aice leis na himreoirí eile.

CEISTEANNA

1. Cé a bhí ag glanadh amach teach Mhamó? *(Who was cleaning out Gran's house?)*
2. Céard dó ar thug sé cic trí thimpiste? *(What did he give a kick to by accident?)*
3. Céard a dúirt an ghinid? *(What did the genie say?)*
4. Cén chéad mhian a bhí aige? *(What was his first wish?)*
5. Cérbh í an mhian dheireanach? *(What was the last wish?)*

FOCLÓIR

tabharfaidh mé *I will give*
mian *wish*
láithreach bonn *instantly*
os a chomhair *in front of him*
na himreoirí *the players*

Mars

1. Tugtar an pláinéad dearg air.
2. Tá dromchla Mharsa carraigeach agus lán le bolcáin, cainneoin, cnoic agus deannach dearg.
3. Tá dhá ghealach aige.
4. Phobos agus Deimos a thugtar orthu.
5. Is iad Mars agus Véineas na pláinéid is cóngaraí don domhan.
6. Tógann sé 687 lá do Mhars imrothlú timpeall na gréine.
7. Nuair a tharlaíonn drochstoirm deannaigh, is féidir leis an bpláinéad iomlán a bheith clúdaithe ar feadh cúpla mí.

CEISTEANNA

1. Céard é an pláinéad dearg? *(What is the red planet?)*
2. Cén saghas dromchla atá air? *(What type of surface does it have?)*
3. Céard is ainm don dhá ghealach atá aige? *(What are the names of the two moons that it has?)*
4. Céard is ainm don dá phlainéad atá cóngarach don domhan? *(What is the name of the two planets that are closest to Earth?)*
5. Cé mhéad lá a thógann sé do Mhars imrothlú timpeall na gréine? *(How many days does it take Mars to revolve around the sun?)*

FOCLÓIR

- dromchla *surface*
- carraigeach *rocky*
- bolcán *volcano*
- cainneon *canyon*
- deannach *dust*
- gealach *moon*
- is cóngaraí *nearest*
- imrothlú *revolve*
- clúdaithe *covered*

An Scipatón

Beidh scipatón ar siúl ag Scoil Mhuire Dé Sathairn.
Beidh na daltaí ag bailiú airgid le haghaidh ríomhairí nua don scoil.
Glacfaidh rang a ceathair, a cúig agus a sé páirt sa scipatón.
Déanfaidh siad téadléimneach ar feadh ocht n-uaire an chloig gan stad.
Tabharfaidh na múinteoirí agus tuismitheoirí cabhair dóibh an t-airgead a bhailiú.
Beidh sé á dhéanamh san ionad siopadóireachta.
Gheobhaidh gach duine a ghlacann páirt sa scipatón téad léimní mar bhronntanas.
Rachaidh slua mór ón scoil ann chun tacaíocht a thabhairt.

CEISTEANNA

1. Céard a bheidh ar siúl ar an Satharn? *(What will be on on Saturday?)*
2. Céard dó a mbeidh siad ag bailiú airgid? *(What will they be collecting money for?)*
3. Cé a ghlacfaidh páirt ann? *(Who will take part in it?)*
4. Cá mbeidh sé ar siúl? *(Where will it be on?)*
5. An rachaidh slua mór ann chun tacaíocht a thabhairt dóibh? *(Will a big crowd go to support them?)*

FOCLÓIR

- **scipatón** *skipathon*
- **ag bailiú** *collecting*
- **glacfaidh** *will take part*
- **déanfaidh** *will do*
- **téadléimneach** *skipping*
- **gan stad** *without stopping*
- **tabharfaidh** *will give*
- **gheobhaidh** *will get*
- **téad léimní** *skipping rope*
- **rachaidh** *will go*

An Fear Bréige

Ó, féach an fear bréige
'na seasamh sa ghort.
A sheanhata pollta
A chóta beo bocht.
A dhá láimh ar leathadh
Gan ordóg ná méar.
A bhríste gan chosa
Ag síneadh go féar.

Mo thrua an fear bréige
Ag casadh le gaoth.
Le súile gan solas
In aghaidh atá baoth.
Amuigh ina aonar
Ag faire na n-éan
Go luíonn an ghrian
Ag deireadh an lae.

Le hÉamonn Ó Tuathail

GNÍOMH

Léigh agus foghlaim an dán. *(Read and learn the poem.)*

FOCLÓIR

fear bréige	scarecrow	gort	field
ar leathadh	spread	ordóg	thumb
baoth	unsteady	ag faire	watching

Ullmhóidh Sorcha an Dinnéar

Beidh tuismitheoirí Shorcha ag dul amach don lá.
Mar sin ullmhóidh Sorcha an dinnéar.
Cuideoidh a deirfiúr Leah léi.
Ar dtús gheobhaidh siad na prátaí agus na cairéid.
Bainfidh siad an craiceann díobh.

Gearrfaidh Leah na cairéid agus cuirfidh Sorcha i sáspán iad.

Cuirfidh Sorcha na prátaí i sáspán eile le huisce.

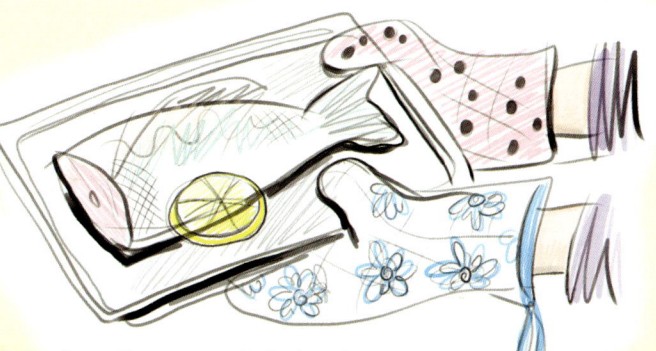

Ina dhiaidh sin cuirfidh Leah an t-iasc san oigheann ar feadh tríocha nóiméad. Déanfaidh siad anlann ansin.

Nuair a chloisfidh siad cnag ar an doras cuirfidh siad an dinnéar ar na plátaí agus ansin ar an mbord. Beidh a dtuismitheoirí sona sásta cinnte.

CEISTEANNA

1. **Cá rachaidh tuismitheoirí Shorcha amárach?**
   (Where will Sorcha's parents go tomorrow?)
2. **Cé a ullmhóidh an dinnéar?** *(Who will prepare the dinner?)*
3. **Cé a chuideoidh léi an dinnéar a ullmhú?**
   (Who will help her prepare the dinner?)
4. **Céard a dhéanfaidh siad leis na cairéid agus na prátaí?**
   (What will they do with the carrots and potatoes?)
5. **Cathain a chuirfidh siad an dinnéar ar na plátaí?**
   (When will they put the dinner on the plates?)

FOCLÓIR

- **ullmhóidh Sorcha** *Sorcha will prepare*
- **cuideoidh Leah** *Leah will help*
- **gheobhaidh siad** *they will get*
- **bainfidh siad** *they will take off*
- **gearrfaidh** *will cut* **cuirfidh** *will put*
- **déanfaidh** *will make*

An Cluiche Sacair

Bhí cluiche an-tábhachtach ar siúl Dé Sathairn seo caite i staid Aviva i mBaile Átha Cliath. Bhí Éire ag imirt in aghaidh na Polainne.
Thug mo Dhaidí go dtí an Aviva mé. Bhí mé ar bís.

Cheannaigh Daidí clár an chluiche, bhí pictiúir agus eolas faoi na foirne istigh ann.

Thosaigh an réiteoir an cluiche ar a cúig a chlog. Tráthnóna fuar gaofar a bhí ann.
Bhí sé an-deacair ar thosaithe na hÉireann cúl a fháil, mar bhí cúlaithe arda agus láidre ag an bPolainn.

Bhí an-chluiche ag captaen na hÉireann. Faoi dheireadh fuair sé spás agus ghnóthaigh sé cúl gleoite.

Bhí lá iontach agam

CEISTEANNA

1. Cá raibh an cluiche ar siúl? *(Where was the game?)*
2. Ainmnigh na foirne a bhí ag imirt. *(Name the teams that were playing.)*
3. Cad a cheannaigh Daidí? *(What did Daddy buy?)*
4. Cén sórt tráthnóna a bhí ann? *(What sort of evening was it?)*
5. Cé a ghnóthaigh an cúl? *(Who scored the goal?)*

FOCLÓIR

an-tábhachtach *very important*
an-deacair *very hard*
tosaithe na hÉireann *Ireland's forwards*
cúlaithe *backs/defenders*
ghnóthaigh *scored*

An Geimhreadh

Bíonn an aimsir sa gheimhreadh fuar agus fliuch.
Nuair a bhím ag siúl sa gheimhreadh feicim crainn loma ach ní fheicim a lán ainmhithe.
Ní chloisim ceol na n-éan ach oiread.

Fanann daoine istigh nuair a bhíonn an aimsir rófhuar.
Uaireanta bíonn an ghaoth an-láidir agus leagann sí crainn.

Is breá liom an geimhreadh nuair a thiteann sneachta.
Bíonn an-spórt againn ag caitheamh liathróidí sneachta agus ag déanamh fear sneachta.

Fanann daoine istigh cois na tine san oíche ag féachaint ar an teilifís.
Is maith liom an geimhreadh ach is fearr liom an samhradh.

CEISTEANNA

1. Conas a bhíonn an aimsir sa gheimhreadh? *(How is the weather in the winter?)*
2. An mbíonn duilleoga ar na crainn? *(Are there leaves on the trees?)* — ní bhíonn
3. An gcloiseann tú ceol na n-éan? *(Do you hear birdsong?)*
4. Céard a leagann na crainn? *(What knocks the trees?)*
5. An fearr leat an geimhreadh nó an samhradh? *(Do you prefer the winter or the summer?)*

FOCLÓIR

feicim *I see*   loma *bare*
ní chloisim *I don't hear*
uaireanta *sometimes*
fanann daoine *people stay*

Arachnaphobia

Ní maith liom in aon chor
An damhán mór alla
I mo sheomra beag leapa
Thuas ar an mballa.

Nuair a chloiseann sé mise
Snámhann sé suas,
Ach nuair a fheicimse é
Rithim ar luas.

Níl áit i mo sheomra
Don bheirt againn araon
Caithfidh seisean imeacht
Nó imeoidh mé féin.

Ach is liomsa mo sheomra
Slán, a dhamháin alla!
Cónaigh le do ghaolta
Thíos staighre sa halla.

Le hÉamonn Ó Ríordáin

GNÍOMH

Léigh agus foghlaim an dán. *(Read and learn the poem.)*

FOCLÓIR

araon *both* **seisean** *he*
imeacht *going* **imeoidh** *will go*
le do ghaolta *with your relatives*

Iníon de Búrca

Is í Iníon de Búrca an múinteoir atá ag rang a sé.
Caitheann sí éadaí geala gach aon lá.
Is breá léi ealaín agus ceol a mhúineadh.
Is múinteoir deas, cineálta í agus is aoibhinn leis na páistí í.
Ach tá a seomra ranga lán le gach saghas ruda agus ní bhíonn sí riamh in ann aon rud a fháil atá á lorg aici.
Tá plandaí, grianghraif, troscán, boscaí agus maisiúcháin ar fud na háite!
Tá tarraiceáin agus cófraí lán le rudaí atá ag titim amach.
Deirtear gur cailleadh cúpla dalta sa seomra le blianta anuas!

CEISTEANNA

1 **Cén múinteoir atá ag rang a sé?** *(What teacher has 6th Class?)*
2 **Céard a chaitheann sí?** *(What does she wear?)*
3 **Céard iad na hábhair a thaitníonn léi múineadh?**
  (What subjects does she like to teach?)
4 **Céard leis a bhfuil a seomra lán?** *(What is her room full of?)*
5 **Céard a deirtear faoi dhaltaí caillte?** *(What is said about lost students?)*

FOCLÓIR

geal *bright*
cineálta *kind*
in ann *able to*
troscán *furniture*
deirtear *it is said*
cailleadh *lost*

Madra Nua

1. Tá madra nua ag Clann Uí Bhua.
2. Fuair siad ón ionad tarrthála é. Is mongral é.
3. Tá sé trí bliana d'aois. Is breá leis an trá.
4. Gach uair a théann siad ar shiúlóid leis, ritheann sé i ndiaidh na n-éan.
   Lá amháin, rith sé chomh tapaidh i ndiaidh na n-éan gur tharraing sé Daidí isteach san fharraige leis.

Bhí Daidí dearg le fearg!
Bhí a bhróga fliuch báite ach ba chuma leis an madra.

CEISTEANNA

1. Céard atá ag Clann Uí Bhua? *(What does Clann Uí Bhua have?)*
2. Cá bhfuair siad é? *(Where did they get him?)*
3. Cén aois é? *(What age is he?)*
4. Céard a dhéanann sé ar shiúlóidí? *(What does he do on walks?)*
5. Céard a bhí fliuch báite? *(What was soaking wet?)*

FOCLÓIR

ionad tarrthála *rescue centre*
tharraing sé *he dragged*
fliuch báite *soaking wet*
ba chuma leis *didn't care*

Méara Éisc agus Sceallóga

Comhábhair: Tá iasc, ubh, grabhróga aráin, prátaí, ola, sú líomóide agus maonáis ag teastáil.

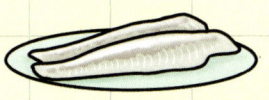     

Céimeanna

1 ▲ Gearr na prátaí le cabhair ó dhuine fásta. Cuir ar thráidire bácála iad le braon ola agus cuir san oigheann iad ar feadh 25/30 nóiméad.

2 ▲ Buail uibheacha i mbabhla. Pioc suas stiall éisc le lámha glana, tum síos san ubh í agus cuir isteach sa bhabhla grabhróg í.

3 ◄ Clúdaigh an stiall éisc go hiomlán le grabhróga aráin agus leag síos ar thráidire bácála í. Cuir isteach san oigheann é.

4 ◄ Fad is a bheidh na méara éisc agus na sceallóga san oigheann, measc an sú líomóide leis an maonáis.

5 ▲ Tóg amach as an oigheann iad agus bain sult as an mbia!

CEISTEANNA

1. **Cad iad na comhábhair atá ag teastáil?** (What are the ingredients needed?)
2. **Cad í céim a haon?** (What is step one?)
3. **Cad í céim a trí?** (What is the step three?)
4. **Cad í céim a ceathair?** (What is step four?)
5. **Cad í céim a cúig?** (What is step five?)

FOCLÓIR

méara éisc *fish fingers*
grabhróga aráin *breadcrumbs*
stiall *strip*

Seomra Rúnda

Bhí Faye, Órlaith agus Ruth i dteach Mhamó ag imirt 'folach bíog'.
Rith siad suas staighre go dtí oifig Dhaideo.
Ní raibh cead acu dul isteach sa seomra sin roimhe seo.
Bhí iontas an domhain orthu nuair a chonaic siad na rudaí a bhí sa seomra.
Bhí teilifís ollmhór ann le babhla mór milseán in aice leis.
Bhí cluichí leadóg boird agus snúcair ann.
Agus bhí boird fichille chomh hard leis na páistí sa chúinne.
Lig na páistí béic astu le háthas.
Rinne siad dearmad glan ar an gcluiche agus thosaigh siad ag imirt sa seomra.

CEISTEANNA

1. Cá raibh na páistí? *(Where were the children?)*
2. Cár rith siad? *(Where did they run?)*
3. Céard a bhí in aice leis an teilifís ollmhór? *(What was beside the huge television?)*
4. Céard a bhí sa chúinne? *(What was in the corner?)*
5. Céard air a ndearna siad dearmad? *(What did they forget about?)*

FOCLÓIR

folach bíog *hide and seek*
boird fichille *chess board*
chomh hard *as tall*

Ag Ithe go Folláin
Ceibeabanna sláintiúla le torthaí

Ag teastáil: fíonchaora, úll, banana, píosaí anainn agus aon torthaí eile ba mhaith leat a úsáid, tobán iógairt.

Briogún adhmaid, scian agus pláta.

1
Nigh do lámha agus na torthaí.

2
Gearr an banana agus an t-úll i bpíosaí beaga (faigh duine fásta chun cabhrú leat).

3
Cuir na torthaí ar na briogúin adhmaid.

4
Cuir an t-iógart ar an bpláta agus rollaigh an ceibeab ann.

5
Bain taitneamh as an gceibeab sláintiúil.

6 Ná déan dearmad! Tá níos mó vitimíní agus mianraí i nglasraí amha ná mar atá i nglasraí reoite ná i gcannaí. Ba chóir duit rogha mhaith bia a ithe. Nuair a itheann tú torthaí agus glasraí bíonn do chorp folláin.

CEISTEANNA
1. Cad iad na rudaí atá ag teastáil? *(What are the things that you need?)*
2. Cad í céim a haon? *(What is step one?)*
3. Cad í céim a dó? *(What is step two?)*
4. Cad í an chéim dheireanach? *(What is the last step?)*
5. Cén fáth a mbíonn sé tábhachtach torthaí agus glasraí a ithe? *(Why is it important to eat fruit and vegetables?)* mar

FOCLÓIR
ceibeab sláintiúil — *healthy kebab*
briogún adhmuid — *wooden skewer*
rollaigh — *roll*
glasraí amha — *raw vegetables*

Éadaí Nua

Breithlá Isla a bhí ann.
Fuair sí dearbhán bronntanais sa phost ó Aintín Laoise i nGaillimh.
Bhí éadaí nua ag teastáil uaithi.

Ag an deireadh seachtaine, chuaigh sí féin agus a Mamaí go dtí an t-ionad siopadóireachta chun éadaí nua a cheannach.
Chaith siad an lá ag siopadóireacht.
Cheannaigh sí gúna, bríste géine, t-léine agus buataisí i siopa amháin.
D'úsáid sí an dearbhán bronntanais.
Bhuail sí lena cara Saoirse sa siopa ceoil.
Bhí sí ag siopadóireacht lena Mamaí freisin.
Fuair siad deoch agus ceapaire le chéile sa chaife.
Ag a cúig a chlog dúirt Mamaí go raibh sé in am dul abhaile.
Bhí lá iontach ag Isla agus ní dheanfaidh sí dearmad go deo ar an lá sin.

CEISTEANNA

1. Cén lá a bhí ann? *(What day was it?)*
2. Cad a fuair Isla sa phost? *(What did Isla get in the post?)*
3. Cad a bhí ag teastáil uaithi? *(What did she want?)*
4. Cathain a chuaigh sí go dtí an t-ionad siopadóireachta? *(When did she go to the shopping centre?)*
5. Cad a cheannaigh sí? *(What did she buy?)*

FOCLÓIR
dearbhán bronntanais *gift voucher*

Mo Chara Amy

Dia daoibh! Is mise Sophie de Búrca.
Amy Nic Eoin is ainm do mo chara.
Déanaimid gach rud le chéile.
Tá sí dhá bhliain déag d'aois cosúil liomsa.
Tá sí ina cónaí leathmíle uaim agus tá sí sa rang céanna liom ar scoil.
Buaileann sí isteach chugam nuair a bhíonn sí ag dul ar scoil.
Siúlaimid abhaile le chéile tar éis an lae ar scoil.
Tagann sí chugam nó téim chuici ag an deireadh seachtaine.
Imrímid sa ghairdín nuair a bhíonn an aimsir go maith agus imrímid istigh sa teach nuair a bhíonn an aimsir fliuch.
Uaireanta téimid ag siopadóireacht sa chathair.
Imrímid camógaíocht agus téimid ag traenáil gach Satharn ar a leathuair tar éis a dó.

CEISTEANNA

1 Cad is ainm do chara Sophie? *(What is Sophie's friend's name?)*
2 Cén aois í? *(What age is she?)*
3 Cá bhfuil sí ina cónaí? *(Where does she live?)*
4 Cad a dhéanann siad nuair a bhíonn an aimsir fliuch?
 (What do they do when the weather is wet?)
5 Cá dtéann siad gach Satharn? *(Where do they go every Saturday?)*

FOCLÓIR

cosúil liomsa *same as me*
rang céanna *same class*
leathmhíle *half mile*
imrímid *we play*
uaireanta *sometimes*

Seachtain Mark

An Luan
Obair bhaile
Dinnéar
Peil ghaelach

An Mháirt
Obair bhaile
Dinnéar
Cispheil

An Chéadaoin
Ceol – ceacht giotáir
Obair bhaile
Dinnéar

An Déardaoin
Sacar
Obair bhaile
Dinnéar
Snámh

An Aoine
Oíche gan obair bhaile
Siopadóireacht san ollmhargadh le mo mhamaí
Dinnéar
Pictiúrlann

An Satharn
Sacar arís
Lón
Ag spraoi le mo chairde
Ag siúl le mo chlann
Dinnéar
Am teilifíse

An Domhnach
Lá saor

CEISTEANNA

1 Cén lá a théann Mark ag imirt cispheile? *(What day does Mark play basketball?)*
2 Cén lá a théann sé ag snámh? *(What day does he go swimming?)*
3 Cén lá a théann sé go dtí an t-ollmhargadh? *(What day does he go to the supermarket?)*
4 An mbíonn obair bhaile aige gach oíche? *(Does he have homework every night?)*
5 Cad iad na spóirt a imríonn sé? *(What are the sports that he plays?)*

Daidí na Nollag

Bhí an chlann ar fad ag ithe bricfeasta.
Bhí na fógraí ón bpáipéar nuachtáin ar an mbord.

Féach air seo. Tagaigí chun bualadh le Daidí na Nollag.

An bhfuil cead againn dul, a Mhamaí?

Tá cead, rachaidh muid go luath Dé Sathairn.

Tagaigí chun bualadh le Daidí na Nollag.
Cá háit: Cluain Meala.
Cén lá: Dé Sathairn.
Cén t-am: Meán lae go dtí a cúig a chlog.
Costas: €10 an páiste
Tagaigí go luath – beidh sé plódaithe le daoine!
Beidh bronntanas deas ann do gach páiste.

CEISTEANNA

1 Céard a bhí á dhéanamh ag an chlann? *(What was the family doing?)*
2 Cá raibh na fógraí? *(Where were the ads?)*
3 Cén lá atá cuairt Daidí na Nollag ann? *(What day is Santa's visit?)*
4 Cén t-am a bheidh sé ar siúl? *(What time is it on?)*
5 An mbeidh bronntanas ann do gach páiste?
(Will there be a present for every child?)

FOCLÓIR
fógraí *advertisements*

SEACHTAIN 15 • LÁ 1

Oíche Chiúin

Oíche chiúin, oíche Mhic Dé,
Cách 'na suan, dís araon,
Dís is dílse ag faire le spéis,
Naí beag gnaoi-gheal ceanán tais caomh
Críost ina chodladh go séimh,
Críost ina chodladh go séimh.

Oíche chiúin, oíche Mhic Dé,
Aoirí ar dtús chuala an scéal,
'Aililiuia', aingil ag glaoch
Cantain Shuairc i ngar is i gcéin
Críost ár Slánaitheoir féin,
Críost ár Slánaitheoir féin.

Oíche chiúin, oíche Mhic Dé,
Mac Dé bhí, gáire a bhéil,
Tuar dá rá 's dá lán-chur i gcéill,
Ann gur tháinig tráth chinn a tséin,
Críost a theacht ar an saol,
Críost a theacht ar an saol.

GNÍOMH
Can agus foghlaim an t-amhrán.

FOCLÓIR
oíche chiúin *silent night*

Lá Saor

Gach bliain caitheann Finn agus a athair báistí lá sa bhaile mór roimh an Nollaig. Caitheann siad an lá ar fad ag siopadóireacht chun bronntanais a fháil dá gclann agus cairde. Bíonn na soilse agus maisiúcháin na Nollag thuas. Bíonn na sráideanna plódaithe le daoine.

Téann siad le haghaidh béile blasta i mbialann.

San oíche téann siad chuig an bpictúrlann chun físeán Nollag a fheiceáil nó chuig geamaireacht san amharclann. Bíonn lá iontach i gcónaí acu ach bíonn siad tuirseach traochta ag an deireadh.

CEISTEANNA

1. **Céard a dhéanann Finn agus a athair baistí gach bliain?** *(What do Finn and his godfather do every year?)*
2. **Céard a chaitheann siad an lá ag déanamh?** *(What do they spend the day doing?)*
3. **Cá dtéann siad le haghaidh béile?** *(Where do they go for a meal?)*
4. **Céard a dhéanann siad san oíche?** *(What do they do in the night-time?)*
5. **An mbíonn lá maith acu de ghnáth?** *(Do they usually have a good night?)*

FOCLÓIR

athair báistí *godfather*
béile blasta *tasty meal*
geamaireacht *pantomine*
amharclann *theatre*

Oíche Nollag

Oíche Nollag atá ann.
Beidh Daidí na Nollag ag teacht ar cuairt agus tá na páistí ag iarraidh bualadh leis i mbliana.
Tá plean acu.
Cuirfidh siad bia amach do Dhaidí na Nollag agus do Rudolph.
Cuirfidh siad a gcuid pitseámaí orthu ansin rachaidh siad a chodladh.
Ach nuair a rachaidh Mamaí agus Daidí go dtí an leaba, tiocfaidh siad anuas chuig an seomra suite arís agus fanfaidh siad leis cois tine!
Beidh sé go hiontach ar fad!

CEISTEANNA

1. **Cén lá atá ann?** *(What day is it?)*
2. **Cé a bheidh ag teacht ar cuairt?** *(Who will be coming on a visit?)*
3. **An raibh plean acu?** *(Did they have a plan?)*
4. **Céard a chuirfidh siad amach do Dhaidí na Nollag agus do Rudolph?** *(What will they put out for Santa and Rudolph?)*
5. **Céard a dhéanfaidh siad nuair a rachaidh Mamaí agus Daidí go dtí an leaba?** *(What will they do when Mum and Dad go to bed?)*

FOCLÓIR

bualadh leis *meet him*
i mbliana *this year*
tiocfaidh *will come*
arís *again*
fanfaidh *will wait*
cois tine *beside the fire*
beidh sé *it will be*

Ríomhphost ó Laura

A Leah, a chara,

Conas atá tú?

Tá mé go maith.

Tá mé gnóthach an t-am ar fad ach is rud maith é sin.

Tá cúpla scéal agam duit.

Beidh mé ag dul chuig bainis an deireadh seachtaine seo chugainn. Táim ar bís.

Tá súil agam go mbeidh lá iontach agam.

Táim ag tosú ag imirt haca an mhí seo chugainn le mo chara Áine.

Beidh sé ar siúl gach Luan tar éis na scoile.

Beidh mé ag dul go dtí 'An Fear Sneachta' san amharclann Dé Sathairn.

Cloisim go bhfuil sé ar fheabhas.

An bhfuil aon scéal agat?

Scríobh ar ais chugam, le do thoil.

Slán, do chara,

Laura

CEISTEANNA

1. Cé a scríobh an ríomhphost? *(Who wrote the e-mail?)*
2. An bhfuil sí gnóthach? *(Is she busy?)*
3. An bhfuil aon scéal aici? *(Does she have any news?)*
4. Cá mbeidh sí ag dul an deireadh seachtaine seo chugainn? *(Where is she going next weekend?)*
5. Cá mbeidh sí ag dul Dé sathairn? *(Where is she going on Saturday?)*

FOCLÓIR

bainis *wedding*
an deireadh seachtaine seo chugainn *next weekend*
ag tosú *starting*

Mothúcháin

Tá mo cheannsa lán de mhothúcháin, mar táim i rang a sé
Go minic braithim m'aigne ag imeacht glan ar strae.
Anois sa bhunscoil tá mé mór, níos sine ná daoine eile.
Ach beag a bheidh mé agus óg ag tosú i rang meánscoile.

An mbeidh mo sheanchairde liom, im' chomhluadar arís?
Nuair a fhágfaidh mise rang a sé, nach mé a bheidh ar bís.
I slí amháin beidh brón orm, ach áthas ar shlí eile,
Níl aon dul as ach fás aníos, is dul chun cinn, sin uile.

N'fheadar faoi mhúinteoirí a bheidh agam go luath?
An mbeidh siad séimh is tuisceanach le grá dom agus trua?
Táim ullamh, 'sea táim sásta, le dúshlán an tsaoil mhóir.
Is fós táim lán de mhothúcháin, nach sin díreach mar is cóir?

Le Con Ó Tuama

GNÍOMH

Léigh agus foghlaim an dán. *(Read and learn the poem.)*

FOCLÓIR

mo cheannsa	*my head*	lán de	*full of*
ag tosú	*starting*	sheanchairde	*old friends*
slí amháin	*one way*	séimh	*gentle*
tuisceanach	*understanding*		
ullamh	*ready*	dúshlán	*challenge*

Lá amuigh leis an gClann

Bhí na páistí ar bís.
Bhí an chlann ag dul amach don lá.
D'eagraigh Daidí an chéad chuid den lá agus
d'eagraigh Mamaí an dara cuid.
Bhí cead ag na páistí cara amháin a thabhairt leo.
Ar maidin, chuaigh siad go dtí ionad scátála oighir.
Chaith siad an mhaidin ar fad ag sleamhnú agus ag titim.

Ansin thiomáin siad go dtí an calafort.
Bhí pictúrlann taobh amuigh ansin. Pháirceáil siad an carr.
Tháinig fear chuig an gcarr le dhá bhosca píotsa agus
deochanna dóibh.
Bhí na páistí sona sásta agus d'fhéach siad ar an scannán.

CEISTEANNA

1 Cá raibh an chlann ag dul don lá? *(Where was the family going for the day?)*
2 Céard a d'eagraigh Daidí? *(What did Dad organise?)*
3 An raibh cead ag na páistí cara a thabhairt leo?
   (Were the children allowed to bring a friend with them?)
4 Céard a rinne siad don mhaidin? *(What did they do for the morning?)*
5 Céard a bhí ag an bhfear a tháinig go dtí an carr?
   (What did the man who came to the car have?)

FOCLÓIR

d'eagraigh *organised*
ag sleamhnú *sliding*
calafort *harbour*

ÉIRE

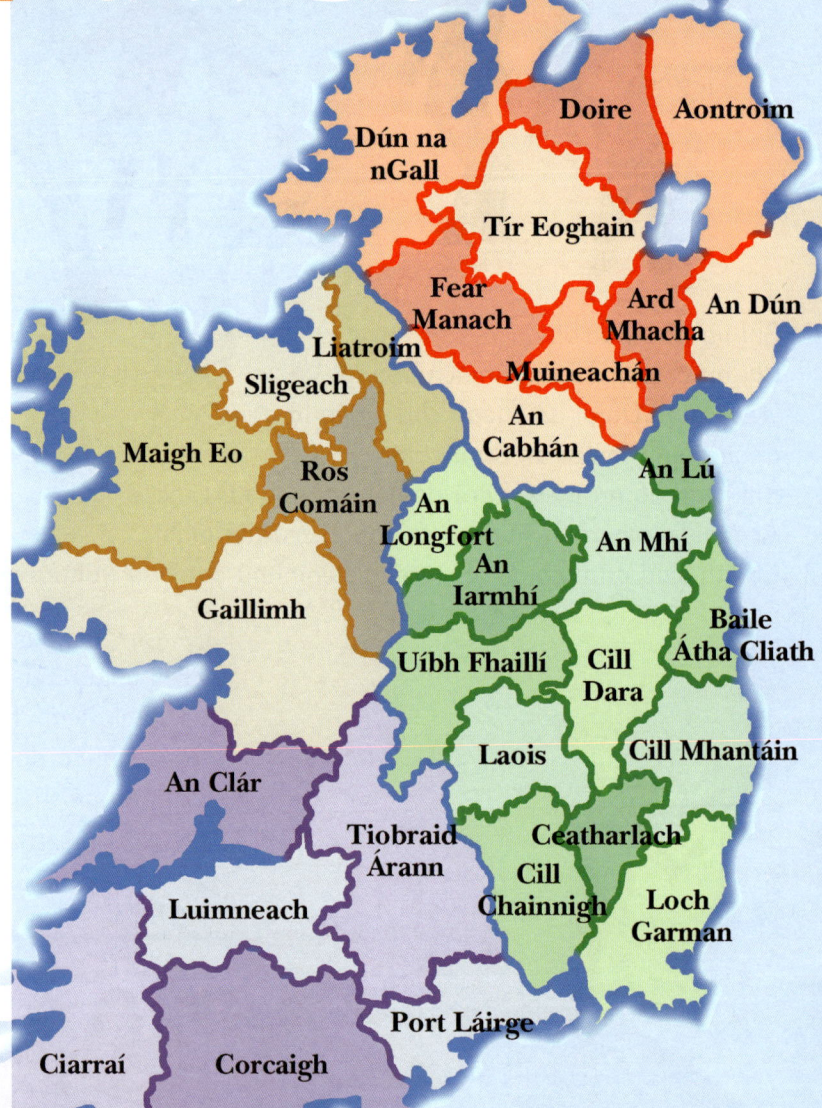

- Tá 32 chontae ar oileán na hÉireann san iomlán.
- Tá 26 chontae i bPoblacht na hÉireann agus tá 6 chontae ina gcuid den Bhreatain.
- Tá ceithre chúige in Éirinn: Cúige Laighean, Cúige Mumhan, Cúige Uladh agus Cúige Chonnacht.
- Is í Baile Átha Cliath príomhchathair na hÉireann.
- Is é Corcaigh an contae is mó in Éirinn.
- Is é Contae Lú an contae is lú in Éirinn.
- Is é Oileán Acla an t-oileán is mó in Éirinn.
- Is é Loch nEathach an loch is mó in Éirinn.
- Is í an tSionainn an abhainn is faide in Éirinn.
- Is é Corrán Tuathail an binn is airde in Éirinn.

CEISTEANNA

1. Cé mhéad contae atá i bPoblacht na hÉireann?
   (How many counties are in the Republic of Ireland?)
2. Ainmnigh na cúigí. *(Name the Provinces.)*
3. Céard í príomhchathair na hÉireann?
   (What is the capital city of Ireland?)
4. Céard é an contae is mó in Éirinn?
   (What is the largest county in Ireland?)
5. Céard í an abhainn is faide in Éirinn?
   (What is the longest river in Ireland?)

FOCLÓIR

san iomlán *in total*
poblacht na hÉireann *the Republic of Ireland*
Cúige Laighean *Leinster*
Cúige Mumhan *Munster*
Cúige Uladh *Ulster*
Cúige Chonnacht *Connaught*
binn *peak*

Sneachta ag Titim

Féach na calóga sneachta
Ag titim tríd an aer;
Clúdaíonn siad na tithe;
Clúdaíonn siad an féar.

Tagann siad go scléipeach
Mar a bheadh áthas ina gcroí.
Ní labhraíonn siad in aon chor.
Ach rinceann siad leis an ngaoth.

Duilleoigíní na mbláth iad.
A fhásann sa spéir,
I ngairdíní na néalta geala
A bhíonn ar snámh san aer.

Údar anaithid

FOCLÓIR
go scléipeach *sportingly*
in aon chor *at all*
rinceann siad *they dance*
néalta *clouds*

GNÍOMH
Léigh agus foghlaim an dán. *(Read and learn the poem.)*

Cosa Croise

Is péintéir é Marcus.
Oibríonn sé gach lá i dtithe agus i ngnóthaí éagsúla.
Caitheann sé forbhríste ildaite thar a chuid éadaigh ionas nach n-éiríonn siad salach.
Tá veain gorm lena ainm ar an taobh aige.
Nuair a bhíonn air péinteáil suas go hard, bíonn cleas maith aige.
Tógann sé amach a cosa croise!
Is féidir leis siúl agus péinteáil ag an am céanna.
Bíonn ionadh ar mhuintir an tí nuair a dhéanann sé é seo.
'Ba cheart duit post a fháil sa sorcas,' a deir daoine leis.

CEISTEANNA

1. Cén ghairm atá ag Marcus? *(What profession does Marcus have?)*
2. Cá n-oibríonn sé gach lá? *(Where does he work everyday?)*
3. Cén saghas veain atá aige? *(What type of van does he have?)*
4. Cén cleas atá aige? *(What trick does he have?)*
5. An féidir leis siúl agus péinteáil ag an am céanna? *(Can he walk and paint at the same time?)*

FOCLÓIR

cosa croise *stilts*
ildaite *multicoloured*
forbhríste *overalls*
ionas nach *so as not to*
salach *dirty*

Andy Lee

Is dornálaí proifisiúnta Éireannach é Andy Lee. Rugadh Andy ar an 11ú Meitheamh 1984 i Londain.
Thosaigh sé ag dornálaíocht ag aois a hocht.
Tá beirt deirfiúracha agus triúr deartháireacha aige.
Ag aois a ceathair déag, bhog an chlann ar ais go Caisleán Uí Chonaill i gContae Luimnigh.
Lean Andy leis ag dornálaíocht ansin le club dornálaíochta Naomh Proinsias.

Ghlac sé páirt sna Cluichí Oilimpeacha i samhradh 2004.
Sa bhliain 2005 bheartaigh sé gairm a bhaint amach leis an dornálaíocht agus bhog sé go Meiriceá chun traenáil a dhéanamh le hEmanuel Steward ar feadh sé bliana.
Ina dhiaidh sin bhog sé go Londain chun traenáil le hAdam Booth.
Bhuaigh sé comórtas meánmheáchain WBO ar an 13ú Nollaig 2014.

CEISTEANNA

1 Cé hé Andy Lee? *(Who is Andy Lee?)*
2 Cén aois a bhí sé nuair a thosaigh sé ag dornálaíocht? *(What age was he when he started boxing?)*
3 Céard a tharla d'Andy ag aois a ceathair déag? *(What happened to Andy at age fourteen?)*
4 Céard a rinne sé i samhradh 2014? *(What did he do in the summer of 2014?)*
5 Céard a bhuaigh sé ar an 13ú Nollaig 2014? *(What did he win on the 13th December 2014?)*

FOCLÓIR

dornálaí proifisiúnta *professional boxer*
club dornálaíochta *boxing club*
bheartaigh sé *he decided*
gairm *profession*
comórtas meánmheáchain *middleweight competition*

Clár Teilifíse

Oíche Dé Sathairn atá ann.
Tá an chlann go léir ag féachaint ar an teilifís sa seomra suite.
Bíonn clár amhránaíochta ar siúl gach Satharn.
Is breá leo an clár.
Bíonn daoine agus grúpaí ag canadh gach seachtain agus is feidir leo vóta a chaitheamh don duine nó don ghrúpa is fearr leo.
Bíonn sé ar siúl gach Satharn agus Domhnach ag a hocht a chlog ar feadh uair an chloig.
Déanann Mamaí grán rósta agus suíonn an chlann síos.

Taitníonn an grúpa buachaillí go mór le Leah.
Ní thaitníonn siad le daidí. Téann sé isteach sa chistin chun cupán tae a dhéanamh nuair a bhíonn siad ag canadh.
Gach Domhnach téann duine nó grúpa amháin abhaile.
Beidh díomá agus brón ar Leah má théann an grúpa buachaillí abhaile.

CEISTEANNA

1 **Cén lá atá ann?** *(What day is it?)*
2 **Cá bhfuil an chlann?** *(Where is the family?)*
3 **Cad atá ar siúl?** *(What is on?)*
4 **Cad a dhéanann Mamaí?** *(What does Mammy make?)*
5 **Cad a tharlaíonn gach Domhnach?** *(What happens every Sunday?)*

FOCLÓIR

díomá *disappointment*

Clár Ama

7.00	**Maidin mhaith, a mhuintir na hÉireann.** Caint na maidine agus faisean.
9.00	**Nuacht.** Clár nuachta agus réamhaisnéis na haimsire.
9.30	**Dochtúirí.** Sraithscéal.
10.00	**Tinkerbell agus a cairde.** Cartún do pháistí.
10.30	**Síos ar an bhfeirm.** Clár do pháistí.
11.00	**Ollclár Rós na Rún.** Sraithscéal.
12.00	**Ar díol.** Sraithscéal.
1.00	**Nuacht agus an aimsir.** Clár nuachta agus réamhaisnéis na haimsire.
2.00	**Cistin Chiara.** Clár cócaireachta.
3.00	**Timpeall na tíre.** Clár tíreolaíochta.
4.00	**Faoin tuath.** Clár dúlra.
5.00	**Inniu.** Clár cainte, nuachta agus chúrsaí reatha an lae.
6.00	**Nuacht an lae agus réamhaisnéis na haimsire.**
7.00	**Fair City.** Sraithscéal.
7.30	**Anocht le Máirtín Ó Sé.** Clár polaitíochta.
8.00	**Scannán.** Shrek 2

CEISTEANNA

1. Cad atá ar siúl ar a seacht a chlog ar maidin?
   (What is showing at 7 o'clock in the morning?)
2. Cad iad na cláir do pháistí atá ar siúl?
   (What programmes for children are shown?)
3. Ainmnigh an clár dúlra. *(Name the nature show.)*
4. Cén t-am atá 'Cistin Chiara' ar siúl? *(What time is 'Cistin Chiara' on?)*
5. Cén saghas cláir é 'Inniu'? *(What sort of show is 'Inniu'?)*

FOCLÓIR

sraithscéal *series*
tíreolaíochta *geographical*
polaitíocht *politics*

Bláthanna

Bhí Mamó agus Shona sa ghairdín.
Bhí siad ag obair go dian.
Bhailigh Mamó na duilleoga agus an bruscar le ráca.
Tharraing Shona na fiailí amach agus chuir sí bleibíní nua isteach sa chré.
'Is breá liomsa mí Eanáir agus mí Feabhra, mar tagann an plúirín sneachta
agus an cróch amach,' arsa Mamó.
'Is é an plúirín sneachta chéad bhláth na bliana,' arsa Mamó.
'Is breá liomsa mí an Mhárta mar thagann lus an chromchinn agus na tiúilipí amach;
Is breá liom na dathanna,' arsa Shona.
'Cad é an bláth is fearr leat, a Mhamó?' arsa Shona.
'Ó, is fearr liom an rós ná bláth ar bith eile. Bíonn sé le feiceáil sa samhradh.
Bíonn sé go hálainn.'
'Cad é an bláth is fearr leat, a Shona?'
'Is maith liom gach saghas bláthanna ach is fearr liom
lus an chromchinn mar is breá liom an dath buí.'

CEISTEANNA

1. Cé a bhí sa ghairdín? *(Who was in the garden?)*
2. Cad a bhí á dhéanamh acu? *(What were they doing?)*
3. Cad é chéad bhláth na bliana? *(What is the first flower of the year?)*
4. Cad é an bláth is fearr le Mamó? *(What is Gran's favourite flower?)*
5. Cad é an bláth is fearr le Shona? *(What is Shona's favourite flower?)*

FOCLÓIR
tharraing Shona *Shona pulled*
lus an chromchinn *daffodil*

Plúirín Bán agus an Seachtar Abhac

D'fhág Plúirín an caisleán agus a leasmháthair uafásach. Bhog sí go dtí teach na seachtar abhac. Bhí Plúirín Bán ar bís ar dtús.
Bhí teach álainn gleoite aici le seachtar cairde nua. 'Beidh seo go hiontach gan a bheith i mo chónaí le mo leasmháthair,' a dúirt sí léi féin.
Ach d'oibrigh na fir gach aon lá agus nuair a tháinig siad abhaile, bhí siad róthuirseach chun imirt nó caint léi.

D'fhág siad an teach ina phraiseach agus bhí ar Phlúirín Bán é a ghlanadh suas i gcónaí. Bhí uirthi an dinnéar a réiteach gach oíche chomh maith.
'Tá sé seo níos measa ná a bheith i mo chónaí le mo leasmháthair,' a dúirt sí i ndiaidh seachtain a chaitheamh ann. Agus amach an doras léi gan slán a fhágáil acu.

CEISTEANNA

1. Cár bhog Plúirín bán? *(Where did Snow White move to?)*
2. Cén saghas tí a bhí aici? *(What type of house had she?)*
3. Céard a rinne na fir gach lá? *(What did the men do everyday?)*
4. Céard a bhí uirthi a réiteach gach oíche?
   (What did she have to prepare each night?)
5. Céard a dúirt Plúirín Bán? *(What did Snow White say?)*

FOCLÓIR

abhac *dwarf*
leasmháthair *stepmother*
ina phraiseach *in a state*

Cuairt ar an Ospidéal

Tá Mamaí san ospidéal.
Bhí leanbh nua aici aréir.
Rachaidh Daidí, Sandra agus Rónán ar cuairt chuici anocht.
Tabharfaidh siad bláthanna mar bhronntanas do Mhamaí agus teidí bándearg mar bhronntanas don bháibín.
Beidh sceitimíní orthu mar beidh siad ag bualadh lena ndeirfiúr nua.
Fanfaidh Mamaí agus an báibín san ospidéal oíche amháin eile.
Amárach rachaidh siad ar fad abhaile le chéile.

CEISTEANNA

1. Cá bhfuil Mamaí? *(Where is Mammy?)*
2. Céard a bhí aici aréir? *(What did she have last night?)*
3. Cá rachaidh Daidí, Sandra agus Rónán?
   (Where will Dad, Sandra and Rónán go?)
4. Céard a thabharfaidh siad leo? *(What will they bring with them?)*
5. Cá bhfanfaidh Mamaí oíche amháin eile?
   (Where will Mammy stay for one more night?)

FOCLÓIR

leanbh *baby*
rachaidh *will go*
tabharfaidh *will give*
beidh *will be*
fanfaidh *will stay*

Seó Faisin

Tá sceitimíní ar Áine agus ar Aoife.
Beidh siad i seó faisin anocht.
Cóireoidh gruagaire a gcuid gruaige agus cuirfidh sciamheolaí smideadh orthu.
Caithfidh siad éadaí galánta ó bhúitíc nua sa bhaile.

Beidh trí stíl éagsúla orthu sa seó.
Beidh éadaí don lá, éadaí don oíche agus éadaí spóirt orthu.
Rachaidh an chlann ar fad chun iad a fheiceáil.
Ní bheidh orthu aon obair bhaile a dhéanamh an oíche sin.

CEISTEANNA

1. **An bhfuil sceitimíní ar Áine agus ar Aoife?** (Are Áine and Aoife excited?)
2. **Céard a bheidh ar siúl anocht?** (What will be on tonight?)
3. **Céard a chaithfidh siad?** (What will they wear?)
4. **Céard a dhéanfaidh an gruagaire?** (What will the hairdresser do?)
5. **An mbeidh aon obair bhaile acu?** (Will they have any homework?)

FOCLÓIR

seó faisin *fashion show*
cóireoidh gruagaire *a hairdresser will arrange*
smideadh *make-up*
caithfidh siad *they will wear*
galánta *glamorous*
búitíc *boutique*
sciamheolaí *beautician*
rachaidh *will go*

I Sáinn sa Sneachta

Lá fuar sneachta a bhí ann.
Bhí an chlann ag dul suas sna sléibhte chun imirt sa sneachta.
Bhí siad ag tiomáint síos bóithrín ach go tobann stop an carr.
Bhí siad i sáinn sa sneachta.
Tháinig Daidí agus na páistí amach as an gcarr agus thosaigh siad á bhrú.
Ní raibh sé ag bogadh!

Bhí orthu poll a dhéanamh timpeall na gceithre bhonn.
Faoi dheireadh thosaigh an carr ag bogadh!
Bhí eagla ar Mhamaí go dtarlódh sé arís agus thiomáin siad abhaile láithreach.
Bhí díomá ar na páistí ach rinne Mamaí seacláid the agus bhí siad sásta arís.

CEISTEANNA

1. **Cén saghas lae a bhí ann?** *(What type of day was it?)*
2. **Cá raibh an chlann ag dul?** *(Where was the family going?)*
3. **Cé a chuaigh amach as an gcarr?** *(Who got out of the car?)*
4. **Céard a bhí orthu a dhéanamh timpeall na mbonn?** *(What did they have to do around the tyres?)*
5. **An raibh díomá ar na páistí?** *(Were the children disappointed?)*

FOCLÓIR

i sáinn *stuck*   bóithrín *little road*
á bhrú *pushing*   ag bogadh *moving*
poll *hole*   bonn *tyre*
go dtarlódh sé *that it would happen*

Comhrá Beirte – Cad atá uait don Phicnic?

Bhí rang a sé sa seomra ranga. Bhí ceacht Gaeilge ar siúl. Chuir an múinteoir ceist ar na páistí....

Múinteoir: A phaistí, beidh picnic againn. Cad atá uainn don phicnic?
Conor: Ba mhaith liom úlla, ceapairí, agus criospaí.
Peadar: Ba mhaith liom sailéad torthaí agus buidéal uisce.
Múinteoir: Inis dom faoi shailéad torthaí.
Peadar: Úsáidim úlla, bananaí, oráistí, piorraí, sútha talún agus plumaí. Gearraim na torthaí agus cuirim sa bhabhla iad. Meascaim le chéile iad agus cuirim sú úill isteach ann freisin. Ithim é agus bainim sult as.
Múinteoir: An-mhaith! An mbeidh na gréithe uainn don phicnic?
Conor: Beidh spúnóga, sceana, foirc, cupáin agus plátaí uainn.
Múinteoir: An raibh tú riamh ar phicnic?
Peadar: Bhí. Téim agus mo chlann ar phicnic nuair a bhíonn an aimsir go maith.
Múinteoir: Anois, a pháistí. Déanaigí liosta, i bhur gcóipleabhar, de na rudaí atá ag teastáil don phicnic.

CEISTEANNA

1 **Cá raibh rang a sé?** *(Where was 6th class?)*
2 **Cad a bhí ar siúl?** *(What was happening?)*
3 **Cén cheist a chuir an múinteoir ar na páistí ar dtús?**
  (What question did the teacher ask the children first?)
4 **Céard ba mhaith le Conor don phicnic?** *(What would Conor like?)*
5 **Céard ba mhaith le Peadar?** *(What would Peadar like?)*

FOCLÓIR

inis dom faoi *tell me about*
sceana *knives*

Cluiche – An Crochadóir!

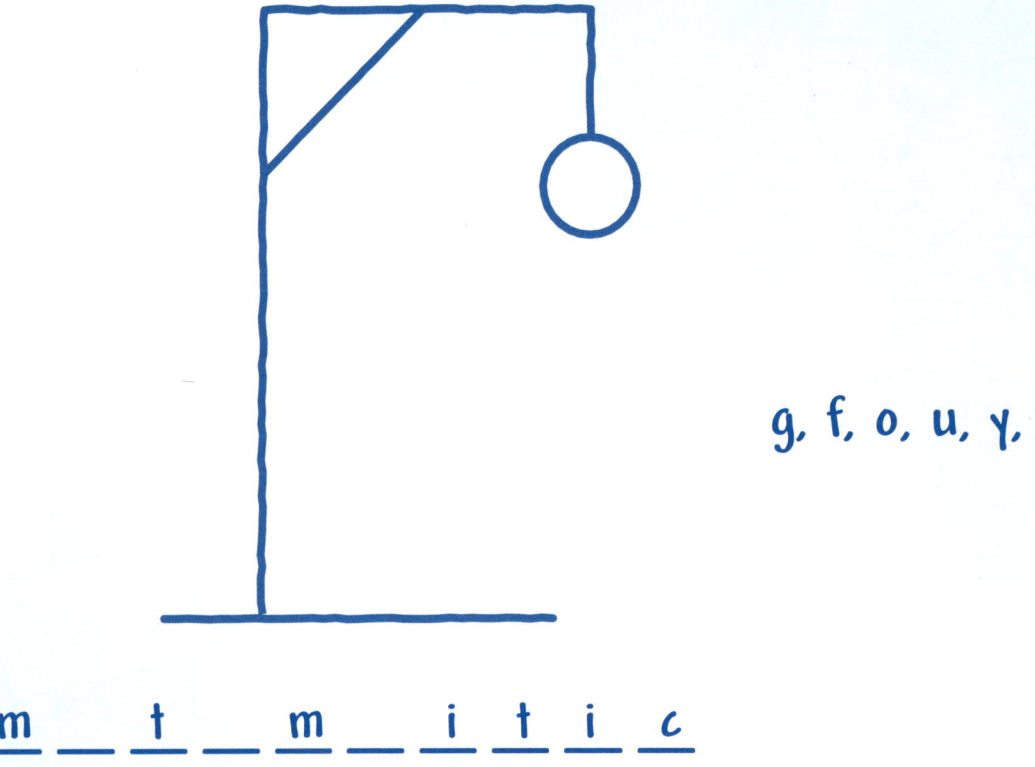

1. Is cluiche simplí é seo chun ainmneacha na n-ábhar scoile nó aon fhocail eile a chleachtadh sa rang.
2. Tarraingíonn an múinteoir nó páiste amháin an crochadóir ar an gclár bán.
3. Tá focal rúnda ag an múinteoir nó an páiste, mar shampla 'matamaitic', agus ní mór do na páistí é a thomhas.
4. Tugann na páistí eile thomhas faoi na litreacha atá san fhocal rúnda.
5. Má thomhaiseann na páistí litir mhícheart baineann an múinteoir rud amháin ón gcorp.
6. Scríobhann sí an litir mhícheart ar an gclár.
7. An aidhm ná an focal a aimsiú sula gcrochtar an corp.
8. An páiste a aimsíonn an focal is ea a thosaíonn an chéad chluiche eile.

GNÍOMH
Léigh agus imir ... beidh an-spraoi agaibh!

FOCLÓIR
crochadóir *hangman*
rúnda *secret*
tomhas *guess*
mhícheart *incorrect*

Cois na Farraige

Tá an lá go haoibhinn,
Níl scamaill sa spéir,
Don trá is don taoide,
Brostaímis go léir.

Déanfaimid baile,
Ar ghaineamh na trá,
Is tógfaimid balla,
Ina thimpeall go hard.

Beidh mé mar rí ann,
Is tusa mar mhaor,
Ag bailiú mo chíosa
Ó na daoine go léir.

Rachaimid san uisce,
Is beimid ag snámh,
Ag rith is ag rince,
Is ag léimneach go hard.

Gheobhaimid an citeal,
Is líonfaimid é,
Lasfaimid tine
Is déanfaimid tae.

Rachaimid abhaile,
Nuair a thiocfaidh an oíche,
Is fágfaimid slán
Ag trá agus taoide.

Le Mícheál Ó Donncha

GNÍOMH
Léigh agus foghlaim an dán. *(Read and learn the poem.)*

FOCLÓIR
- go haoibhinn — beautiful
- brostaímis — let us hurry
- déanfaimid — we will build
- gaineamh — sand
- an citeal — the kettle
- beidh mé — I will be
- rachaimid — we will go
- gheobhaimid — we will get
- líonfaimid — we will fill
- lasfaimid — we will light
- fágfaimid — we will leave

Ceacht Tíreolaíochta

Cén tír ina bhfuil Páras?
Tá Páras sa Fhrainc.

Cén teanga a labhraíonn daoine i bPáras?
Labhraíonn siad Fraincis.

Cad atá le feiceáil i bPáras?
Tá an Louvre agus Túr Eiffel le feiceáil i bPáras.

Cén pictiúr cáiliúil atá in iarsmalann an Louvre?
Tá an 'Mona Lisa' sa Louvre.

Cén sórt bia a itheann muintir na Fraince?
Itheann siad cineálacha éagsula bia, mar shampla, cáis agus arán, cineálacha difriúla feola agus seilidí agus cosa froga.

An raibh tú riamh ann?
Bhí mé ann an samhradh seo caite le mo theaghlach.

Ar mhaith leat dul ann arís?
Ba mhaith. Bhí sé go hálainn, bhí an-spraoi agam ann.

CEISTEANNA

1. Cén sórt ceachta atá ar siúl i rang a sé? *(What sort of lesson is on in 6th class?)*
2. Cén tír ina bhfuil Páras? *(What country is Paris in?)*
3. Cén teanga a labhraíonn daoine i bPáras?
   (What language do the people in Paris speak?)
4. Cén pictiúr cáiliúil atá in iarsmalann an Louvre?
   (What famous picture is in the Louvre?)
5. Cén sórt bia a itheann muintir na Fraince?
   (What sort of food do the people of France eat?)

FOCLÓIR

teanga *language*
le feiceáil *to see*
cáiliúil *famous*
iarsmalann *museum*

Arán Banana

Comhábhair: Tá plúr, siúcra donn, trí bhanana, dhá ubh, im agus mil ag teastáil.

1

Cuir an plúr agus an t-im i mbabhla mór. Brúigh le chéile le do lámha iad.

2

Cuir isteach an siúcra agus measc leis na hábhair eile é.

3

Cuir an mhil agus na huibheacha isteach sa mheascán.

4

Brúigh na bananaí le chéile go dtí go bhfuil siad mín.

5

Cuir na bananaí isteach sa mheascán.

6

Cuir im sa stán agus cuir an meascán isteach.

7

Cuir san oigheann ar feadh uair an chloig é.

8

Tóg amach é, lig dó fuarú agus ith é!

CEISTEANNA

1. Cad iad na comhábhair atá ag teastáil? *(What are the ingredients needed?)*
2. Cad í céim a haon? *(What is step one?)*
3. Cad í céim a trí? *(What is step three?)*
4. Cad í céim a ceathair? *(What is step four?)*
5. Cad í céim a seacht? *(What is step seven?)*

FOCLÓIR

mil *honey* **brúigh** *mash* **meascán** *mixture*
lig dó fuarú *leave it to cool*

Athchúrsáil

Ba cheart athchúrsáil a dhéanamh i ngach áit, sa bhaile, ar scoil agus ag an obair.

Is é an páipéar an ní is coitianta agus is saoire a ndéantar athchúrsáil air.

Is éard atá i gceist le hathchúrsáil ná rud éigin a úsáid arís.
Is féidir athchúrsáil a dhéanamh ar pháipéar, plaisteach, gloine, miotal, teicstílí agus trealamh leictreonach.

Is é an plaisteach an ní is deacra le hathchúrsáil a dhéanamh air.
Ní thagann sé ar ais mar phlaisteach ach an oiread.

Is iad an miotal nó an ghloine na nithe is éasca chun athchúrsáil a dhéanamh orthu.
Leátar iad agus déantar rud éigin eile astu.

Feictear plaisteach athchúrsáilte i bpinn, i bpinn luaidhe, i scriosáin, in uaireadóirí agus fiú i do mhála scoile!

CEISTEANNA

1. Céard atá i gceist le hathchúrsáil? *(What is recycling?)*
2. Céard iad na nithe ar féidir athchúrsáil a dhéanamh orthu? *(What can you recycle?)*
3. Céard é an ní is coitianta a ndéantar athchúrsáil air? *(What is the most common item that is recycled?)*
4. Céard é an ní is éasca a ndéantar athchúrsáil air? *(What is the easiest item to recycle?)*
5. Cá bhfeictear plaisteach athchúrsáilte? *(Where is recycled plastic found?)*

FOCLÓIR

athchúrsáil *recyling*   **plaisteach** *plastic*
miotal *metal*   **teicstílí** *textiles*
trealamh leictreonach *electonic equipment*
coitianta *common*   **is deacra** *most difficult*
is éasca *easiest*   **ach an oiread** *either*
scriosán *a rubber*   **uaireadóir** *watch*

An Brat Glas

Bímid ag smaoineamh ar an bplainéad,
Bímid ag obair is ag foghlaim,
Ag laghdú bruscair inár scoil,
ag athchúrsáil le chéile.

Brat glas, brat glas,
Ag séideadh leis an ngaoth,
Cuir fáilte roimh an mbrat glas,
Bígí ag athchúrsáil.

Seanbhréagáin is cannaí stáin,
Buidéil, plaisteach agus páipéar,
Ag laghdú bruscair inár scoil,
Ag athchúrsáil le chéile.

Le Dominic Ó Braonáin agus Tomás Ó Dúbhda

GNÍOMH

Léigh agus foghlaim an dán. *(Read and learn the poem.)*

FOCLÓIR

ag smaoineamh *thinking*
ag laghdú *decreasing*

Seantraidisiúin na Cásca in Éirinn

Tá a lán traidisún ann anois a bhaineann leis an gCáisc.
Ach seo liosta de na cinn a bhíodh ann fadó ach nach bhfuil coitianta anois.

Aoine an Chéasta

- Gach bliain ar Aoine an Chéasta, dhéantaí glanadh iomlán ar an teach.

- Théadh daoine chuig an bhfaoistin agus d'fhanaidís ciúin don lá iomlán ina dhiaidh sin.

Domhnach Cásca

- Chuiridís ubh amháin ar leathaobh ó Aoine an Chéasta go dtí Domhnach Cásca.

- Dhéantaí uibheacha a fhiuchadh agus a phéinteáil agus chuirtí ag rolladh síos na cnoic iad i rásaí.

- Bhíodh comórtais damhsa ann agus d'fhaigheadh an buaiteoir cáca mar dhuais.

- Chríochnaíodh an lá le gach duine ag bailiú do thine cnámha.

CEISTEANNA

1. **Céard a dhéantaí gach Aoine Chéasta sa teach?**
   (What was done every Good Friday in the house?)
2. **Céard a dhéanadh daoine i ndiaidh na faoistine?**
   (What would people do after confession?)
3. **Céard a dhéanaidís le huibheacha Domhnach Cásca?**
   (What did they do with eggs on Easter Sunday?)
4. **Céard a fuair buaiteoir an chomórtais damhsa mar dhuais?**
   (What did the winner of the dance contest receive as a prize?)
5. **Conas a chríochnaigh an lá?** *(How did the day end?)*

FOCLÓIR

a bhaineann le *connected with*
coitianta *common*
faoistin *confession*
ar leathaobh *aside*
buaiteoir *winner*

An Cú

Madra láidir agus tapa is ea an cú.
Fadó bhíodh cúnna ag a lán daoine in Éirinn.
Bhí an cú ábalta cabhrú leo ar na feirmeacha agus ar an talamh.
Bhí an cú go han-mhaith ag fiach.
Bhí siad an-tábhachtach do na feirmeoirí.
Chaith siad a saol ag tabhairt aire do na caoirigh agus ag fiach agus ag marú na mac tíre.
Dar leis na seanscéalta, bhí dhá chú ag Fionn Mac Cumhaill fadó.
Bran agus Sceolaing na hainmneacha a bhí orthu.
Níl aon mhic tíre in Éirinn anois ach bíonn cúnna ag a lán daoine inniu mar pheataí.
Madra dílis agus cróga is ea é.

CEISTEANNA

1. **Cén sórt madra é an cú?** *(What sort of animal is the hound?)*
2. **An raibh cúnna ag daoine fadó?** *(Did people have hounds long ago?)*
3. **Cén fáth a raibh siad tábhachtach do na feirmeoirí?**
   (Why were they important to farmers?)
4. **Cé mhéad cú a bhí ag Fionn Mac Cumhaill?**
   (How many hounds did Fionn Mac Cumhaill have?)
5. **An mbíonn cúnna ag daoine inniu?** *(Do people have hounds today?)*

FOCLÓIR

cú *hound*   ag fiach *hunting*
mac tíre *wolf*
dílis *loyal*   cróga *brave*

An tEarrach

Taitníonn an t-earrach go mór liom.
Cloisim ceol na n-éan agus feicim na huain ag léim sna páirceanna.
Bíonn an aimsir ag dul i bhfeabhas agus bíonn páistí ag imirt amuigh faoin aer.
Tosaíonn daoine ag obair sa ghairdín.

Bíonn dathanna áille le feiceáil i ngach áit.
Titeann Lá Fhéile Pádraig agus an Cháisc san earrach.
Bíonn laethanta saoire ón scoil agam agus ithim uibheacha seacláide.
Téim le mo chlann go dtí Londain gach Cáisc, chun cuairt a thabhairt ar m'uncail.
Bíonn an-spraoi againn ann gach bliain.
Feicim Pálás Buckingham agus Páirc Hyde.
Téann mo Mhamaí chuig na hamharclanna sa chathair.
Téann gach duine abhaile go sona sásta.
Is breá liom an Cháisc agus is breá liom an t-earrach.

CEISTEANNA

1. **Céard a chloiseann an buachaill san earrach?** (What does the boy hear in spring?)
2. **Conas a bhíonn an aimsir?** (How is the weather?)
3. **An mbíonn laethanta saoire ón scoil aige?** (Does he have holidays from school?)
4. **Cá dtéann sé gach Cáisc?** (Where does he go every Easter?)
5. **Cad a fheiceann sé ann?** (What does he see there?)

FOCLÓIR

ag dul i bhfeabhas *getting better*

Ag Campáil ar Chúl an Tí

Maidin amhain, fuair Conor agus Cian cuireadh óna gcara Kyle.
Bhí siad ag dul ag campáil ar chúl an tí oíche Dé Sathairn.
Bhí na buachaillí ar bís mar ní dheachaigh siad riamh ag campáil.

Tháinig an Satharn agus bhí gach rud réidh ag na buachaillí.
Bhí málaí codlata agus puball acu. Bhí málaí droma, lán le bia, acu freisin.

Bhí Kyle ina chónaí faoin tuath agus bhí gairdín ollmhór aige ar chúl an tí.
Leath Cian an puball ar an talamh. Bhuail Conor na spící isteach sa talamh le casúr. Cheangail Kyle téada an phubaill díobh.

Nuair a thit an oíche, chuaigh siad isteach sa phuball, bhí féasta beag acu. Bhí na málaí codlata an-chompordach agus thit na buachaillí ina gcodladh go tapa.

CEISTEANNA

1. Cad a fuair Conor agus Cian? *(What did Conor and Cian get?)*
2. Cá raibh siad ag dul? *(Where were they going?)*
3. Cad a bhí acu? *(What did they have?)*
4. Cá raibh Kyle ina chónaí? *(Where did Kyle live?)*
5. Cad a rinne siad nuair a thit an oíche? *(What did they do when night fell?)*

FOCLÓIR

leath *spread*
compordach *comfortable*
cheangail *tied*
bhuail *hit*   **spící** *spikes*

Naomh Pádraig

▲ Fadó, fadó, bhí buachaill ina chónaí sa Bhreatain Bheag. Pádraig ab ainm dó. Lá amháin tháinig saighdiúirí ó Éirinn agus rug siad ar Phádraig.

▲ Dhíol siad Pádraig le feirmeoir ar ais in Éirinn. Chaith Pádraig a shaol ag tabhairt aire do chaoirigh ar shliabh.

▲ Oíche amháin chuala sé guth. Dúirt an guth leis dul go cuan agus bhí long ann. Thug an long abhaile é.

▲ Bhí suim ag Pádraig dul chuig an bhFrainc chun staidéar a dhéanamh. Tar éis cúpla bliain bhí sé ina easpag.

▼ Fuair sé bás ar an seachtú lá déag de Mhárta. Tugann muintir na hÉireann onóir do Phádraig gach blian ar an lá sin.

▲ Ba mhaith le Pádraig dul ar ais go hÉirinn chun eolas ar Chríost a tabhairt do na daoine. Shiúil sé ar fud na tíre ag teagasc.

CEISTEANNA

1 **Cá raibh Pádraig ina chónaí?** *(Where did Pádraig live?)*
2 **Céard a rinne na saighdiúirí leis?** *(What did the soldiers do with him?)*
3 **Cad a dúirt an guth leis?** *(What did the voice tell him?)*
4 **Cá ndeachaigh sé chun staidéar a dhéanamh?** *(Where did he go to study?)*
5 **Cén lá a dtugann muintir na hÉireann onóir do Phádraig?** *(On which day do the people of Ireland honour Pádraig?)*

FOCLÓIR

dhíol siad *they sold*
guth *voice*
easpag *bishop*
ag teagasc *teaching*

Ríomhphost ó Mhamó

Dia dhuit, a Sheáin agus a Annabel,

Conas atá sibh?
Tá mé go maith. Bhí breithlá Dhaideo agus Ellie ann an tseachtain seo agus bhí béile deas againn sa teach. Bhí laethanta saoire na Cásca ann, agus mar sin bhí gach duine sa bhaile. Bhí an teach lán le daoine. Bhí aintín Úna, Uncail Ian agus aintín Rhona ar fad ag fanacht don deireadh seachtaine linn.
Bhí Uncail Myles, Uncail Ian agus Sadie ann chomh maith.
D'imríomar cluichí boird i ndiaidh an bhéile.
Tá an aimsir go hiontach in Éirinn; tá mé ag dul ag snámh san fharraige anois.
Conas atá Mamaí agus Daidí, agus an aimsir san Astáil?
Slán go fóill,

Mamóxxx

CEISTEANNA

1. An breithlá Dhaideo agus Ellie a bhí ann? *(Was it Grandad's and Ellie's birthday?)*
2. Cé a bhí ag fanacht don deireadh seachtaine? *(Who was staying for the weekend?)*
3. Cé eile a bhí ann? *(Who else was there?)*
4. Céard a rinne siad i ndiaidh an bhéile? *(What did they do after the meal?)*
5. Cá bhfuil sí ag dul? *(Where is she going?)*

FOCLÓIR
ríomhphost *email*

Litir Leithscéil

36, Ascaill na Manach
An Charraig Dhubh,
Luimneach.
8ú Aibreán

A mhúinteoir, a chara,

Tá fíorbhrón orm go raibh Sorcha as láthair inné agus an lá roimhe sin.
Thit sí den rothar sa bhaile agus bhris sí a lámh.
Bhíomar san ospidéal an lá ar fad.
Tá sí ag mothú níos fearr anois ach tá plástar ar a lámh.
Táimid buíoch gur a lámh dheas atá i gceist agus gur ciotóg í.
Beidh sí in ann scríobh agus an obair ar fad a dhéanamh.
Ar mhiste leat aon obair a chaill sí a thabhairt di anocht mar bhreis obair bhaile, le do thoil?
Má tá aon deacracht leis seo, cuir glaoch orm, le do thoil.

Mise le meas,
Áine Ní Bhroin

CEISTEANNA

1. Cé a bhí as láthair? *(Who was absent?)*
2. Céard a tharla? *(What happened?)*
3. Cá raibh siad an lá ar fad? *(Where were they for the whole day?)*
4. Céard faoi a bhfuil siad buíoch? *(What are they grateful for?)*
5. Céard is ainm do Mhamaí Shorcha? *(What is Sorcha's Mum called?)*

FOCLÓIR

litir leithscéil *excuse letter*
as láthair *absent*
lá roimhe *day before*
ag mothú *feeling*
ar mhiste leat *would you mind*
breis *extra*
ciotóg *a left-handed person*

Drámaíocht ar Scoil – An Nuacht!

Dia daoibh. Is mise Sophie de Búrca leis an Nuacht ó rang a sé. Beimid ag dul ar thuras scoile amárach. Beidh an bus ag teacht ar a leathuair tar éis a naoi. Beimid ag dul go dtí an fheirm. Anois an aimsir le Donnacha Ó Briain.

Dia daoibh. Tá sé tirim ach gaofar inniu, cuir do chóta ort ag am lóin. Beidh an aimsir go hálainn amárach. Beidh sé geal agus te agus ní bheidh scamaill ar bith sa spéir. Anois an spórt le Ben Ó Cathail.

Dia daoibh. Beidh cluiche sacair ar siúl inniu ar a leathuair tar éis a dó. Beidh foireann na gcailíní ag imirt in aghaidh Scoil Bhríde. Bhuaigh foireann na mbuachaillí an cluiche leathcheannais inné.

CEISTEANNA

1 **Cad é an nuacht ó rang a sé?** *(What is the news from 6th class?)*
2 **Cá mbeidh siad ag dul ar thuras scoile?**
   (Where will they go on the school tour?)
3 **Conas atá an aimsir inniu?** *(How is the weather today?)*
4 **Conas a bheidh sé amárach?** *(How will it be tomorrow?)*
5 **An mbeidh foireann na mbuachaillí ag imirt inniu?**
   (Will the boys' team play today?)

FOCLÓIR

an cluiche leathcheannais
the semi-final

An Raibh a Fhios Agat?

Ba cheart do gach duine cúig sciar de ghlasraí nó torthaí a ithe gach aon lá ach seo fírící nach bhfuil ar eolas ag roinnt mhaith daoine:

- Is luibh é an banana.
- Is toradh é an tráta, agus ní glasra é.
- Snámhann úlla ar uisce mar go bhfuil siad déanta suas de 25% aer.
- Ní caor é an sú talún.
- Tá timpeall 200 síol i ngach sú talún.
- Tá 7,000 cineál éagsúil úll ann.
- Is torthaí iad an puimcín agus an t-abhacád, ní glasraí iad.
- Fadó, d'úsáidtí mealbhacáin uisce chun uisce a iompar ar thurais fhada.
- Is aoibhinn leis an órang-útan mangónna.

CEISTEANNA

1. Cé mhéad sciar dé ghlasraí nó thorthaí ba cheart duit ithe gach aon lá?
   (How many portions of fruit or vegetables should you eat every day?)
2. Cén fáth a snámhann úlla ar uisce?
   (Why do apples float in water?)
3. An toradh é an tráta? *(Is a tomato a fruit?)*
4. Cé mhéad cineál éagsúil úll atá ann?
   (How many different varieties of apples are there?)
5. Céard dó a n-úsáidtí mealbhacán uisce fadó?
   (What was a watermelon used for in years gone by?)

FOCLÓIR

sciar *portions*	fírící *facts*
luibh *herb*	caor *berry*
abhacád *avocado*	
mealbhacán uisce *watermelon*	

Traenáil don Mhadra

Chuaigh Kerri agus Shane go dtí ranganna traenála lena madra Jojo.
Bhí a lán madraí eile ann. Bhí cinn mhóra cosúil le Jojo ann agus cinn bheaga chomh maith.
Bhí málaí bia ag gach úinéir agus bhí orthu píosa bia a thabhairt do na madraí gach uair a rinne siad an cleas i gceart.
An chéad chleas a mhúin siad ná 'suigh síos agus luigh síos'.
An dara cleas a mhúin siad ná 'téigh go dtí do leaba'.
An tríú cleas a mhúin siad ná 'stop, fan, siúil'.
Bhí Jojo go hiontach ag na cleasa.
I ndiaidh na ranganna bhí cead ag na madraí spraoi.
Bhí cúrsa bacainní ann agus rinne na páistí é le Jojo.
Bhí an-spórt acu ag léim trí na fáinní agus ag rith timpeall an chúrsa le Jojo.
Thaitin na ranganna go mór le Jojo agus leis na páistí.

CEISTEANNA

1. Cá ndeachaigh Kerri agus Shane? *(Where did Kerri and Shane go?)*
2. Céard a bhí ag gach úinéir? *(What did each owner have?)*
3. Céard é an chéad chleas a mhúin siad?
   (What was the first trick they taught?)
4. Céard é an tríú cleas a mhúin siad?
   (What was the third trick they taught?)
5. Ar thaitin na ranganna le Jojo agus leis na páistí?
   (Did Jojo and the children like the classes?)

FOCLÓIR

úinéir *owner* cleasa *tricks*
cúrsa bacainní *obstacle course*
trí na fáinní *through the rings*
thaitin *liked*

Bealaí Taistil Éagsúla

Tá an-chuid bealaí taistil éagsúla eile sa domhan ná mar atá againn in Éirinn. Tarlaíonn sé seo mar caithfidh modhanna praiticiúla a bheith ann do thíortha éagsúla.

Sa Téalainn go háirithe úsáideann daoine an 'tuk tuk'. Is carr beag é seo le trí roth air. Is féidir leis bogadh isteach agus amach as an trácht go héasca.

Sa Veinéis úsáideann daoine gandalaí mar tá an chathair ar fad ar uisce. Is bád le bonn cothrom é an gandala. Bíonn duine amháin ina sheasamh le maide agus seo conas a bhogann an bád san uisce.

Úsáideann daoine sleamhnáin madraí in Alasca. An fáth atá leis seo ná go mbíonn an-chuid sneachta ann agus bíonn sé deacair taisteal air. Is feithicil é gan aon roth a bhogann ar shneachta nó ar oighear. Úsáidtear cúpla madra éagsúil, huscaí nó malamútach go hiondúil, chun é a tharraingt. Bíonn 'mushar' ar cúl agus treoraíonn sé an sleamhnán agus na madraí.

Úsáideann daoine an 'rickshaw' in an-chuid áiteanna timpeall an domhain. Thosaigh siad sa tSeapáin ar dtús. Is cairt é agus tarraingíonn duine a bhíonn ag rith nó duine ar rothar taobh thiar díobh é.

CEISTEANNA

1. Céard é an 'tuk tuk'? *(What are tuk tuks?)*
2. Cá n-úsáidtear gandalaí? *(Where do they use gondolas?)*
3. Cár thosaigh na 'rickshaws'? *(Where did rickshaws start?)*
4. Céard iad rickshaws? *(What are rickshaws?)*
5. Céard iad sleamhnáin madraí? *(What are dog sleds?)*

FOCLÓIR

- **modhanna praiticiúla** *practical methods*
- **roth** *wheel*
- **bonn cothrom** *flat bottom*
- **maide** *oar*
- **sleamhnáin madraí** *dog sleds*
- **deacair** *hard*
- **feithicil** *vehicle*
- **go hiondúil** *typically*
- **a tharraingt** *to pull it*
- **treoraíonn** *leads it*

Rí Midas

Bhí Rí Midas an-santach. Bhí sé an-tógtha le hór. Chaith sé uaireanta an chloig ag comhaireamh a chuid óir gach aon lá.

Lá amháin tháinig scáth chuige agus gheall sé mian amháin dó.
'Ná bí santach,' a dúirt an scáth.
Ach níor éist Rí Midas.

D'iarr an Rí air go gcasfadh gach ar leag sé lámh air go hór.
As sin amach chas gach rud ar leag sé a lámh air, go hór. Chas crainn, plandaí, cathaoireacha, a chat, fiú a iníon go hór.
Ní raibh sé in ann aon rud a ithe ná a ól mar chas siad ar fad go hór.
Bhí sé an-bhrónach agus uaigneach.

Tháinig an scáth ar ais agus dúirt sé gurbh fhéidir leis an mhian a athrú.
'Téigh go dtí an abhainn agus faigh uisce. Ansin croith an t-uisce thar gach rud órga agus rachaidh sé ar ais mar a bhí sé.'
Chas gach rud ar ais láithreach.
As sin amach ní raibh aon suim ag an rí in ór.

CEISTEANNA

1. Céard leis a raibh Rí Midas an-tógtha?
   (What was King Midas very taken with?)
2. Cé a tháinig chuige lá amháin? *(Who appeared one day?)*
3. Céard a tharla do gach rud ar leag an rí lámh air?
   (What happened to everything the king touched?)
4. An raibh sé in ann aon rud a ithe nó a ól?
   (Was he able to eat or drink anything?)
5. Céard a dúirt an scáth leis a dhéanamh?
   (What did the shadow tell him to do?)

FOCLÓIR

an-santach *very greedy*
ag comhaireamh *counting*   scáth *shadow*
gheall sé mian *granted a wish*
leag sé lámh air *that he touched*
chas sé *it changed*   uaigneach *lonely*
a athrú *change*   croith *shake*

Dá mBeadh!

Dá mbeadh orm codladh
Rachainn a luí;
Dá dtiocfadh an mhaidin
Phreabfainn im' shuí.
Dá mbeadh orm ocras
D'íosfainn dinnéar;
Dá mbeadh orm tart
D'ólfainn deoch ghéar.
Dá mbeadh agam airgead
Cheannóinn caisleán;
Dá mbeadh agam scuab
Scuabfainn an bán.
Dá mbeadh agam peann,
Scríobhfainn mo cheacht;
Dá mbeadh agam leabhar
Léifinn go beacht.

Údar anaithid

FOCLÓIR

dá mbeadh *if ...*
rachainn *I would go*
thiocfadh *would come*
phreabfainn *I would jump*
d'íosfainn *I would eat*
d'ólfainn *I would drink*
cheannóinn *I would buy*
scuabfainn *I would brush*
scríobhfainn *I would write*
léifinn *I would read*

GNÍOMH

Léigh agus foghlaim an dán. *(Read and learn the poem.)*

An Teaghlach agus an Teilifís

Oíche Dé hAoine a bhí ann.
Bhí an teaghlach go léir sa seomra suite.
Chuir Daidí an teilifíseán ar siúl leis an gcianrialtú.
Bhí Daidí ag iarraidh féachaint ar an snúcar.
Ní raibh aon suim ag Mamaí sa chlár sin.
Bhí Mamaí ag iarraidh féachaint ar an 'Late Late Show.'
Ní raibh na páistí sásta leis an gclár sin.
'Tá scannán iontach ar TG4,' arsa Sophie.
'Tá sé an-ghreannmhar agus bainfidh gach duine taitneamh as, táim cinnte.'
'Cas go TG4, a Dhaidí, le do thoil,' arsa Cormac.
'Níl suim ar bith agam sa scannán sin,' arsa Daidí.
'Táim ag fanacht leis an gclár seo.'
'Ó, a Dhaidí, níl sé sin cothrom,' arsa Sophie.
'Beidh vóta againn,' arsa Cormac.
'Sin smaoineamh iontach,' arsa Mamaí.

'Cé ba mhaith leis féachaint ar an snúcar?'

'Cé ba mhaith leis féachaint ar an 'Late Late Show?'

'Cé ba mhaith leis féachaint ar an scannán?'

Thosaigh na páistí ag gáire. Chuir Daidí an scannán ar siúl.

CEISTEANNA

1. **Cén oíche a bhí ann?** *(What night was it?)*
2. **Cá raibh an teaghlach?** *(Where was the family?)*
3. **An raibh suim ag Mamaí sa snúcar?** *(Did Mammy have an interest in the snooker?)*
4. **Cén sórt scannáin a bhí ar siúl?** *(What sort of film was on?)*
5. **An raibh Daidí sásta ag an deireadh?** *(Was Daddy happy at the end?)*

FOCLÓIR

leis an gcianrialtú *with the remote control*
ag iarraidh féachaint ar *wanting to watch*
aon suim *any interest*
smaoineamh iontach *great idea*

Rialacha na Scoile

Níl cead rith sna pasáistí.

Níl cead gutháin phócaí a thabhairt ar scoil.

Níl cead guma coganta a ithe.

Níl cead milseáin ná criospaí a ithe.

Níl cead maistínteacht a dhéanamh.

Níl cead cainte nuair atá duine eile ag caint.

Níl cead lámh a leagadh ar rudaí daoine eile.

Níl cead aon seoda ná smideadh a chaitheamh.

Caithfidh tú éide scoile iomlán a chaitheamh gach lá.

Bíodh meas agat ar dhaoine eile.

CEISTEANNA

1. An bhfuil cead rith sna pasáistí?
   (Are you allowed to run in the corridors?)
2. An bhfuil cead guma coganta a ithe?
   (Are you allowed chewing gum?)
3. An bhfuil cead milséain nó criospaí a ithe?
   (Are you allowed sweets or crisps?)
4. An bhfuil cead seoda a chaitheamh?
   (Are you allowed to wear jewellery?)
5. Céard a chaithfidh tú a chaitheamh gach lá?
   (What do you have to wear everyday?)

FOCLÓIR

rialacha na scoile *school rules* — pasáistí *corridors*
guma coganta *chewing gum* — maistínteacht *bullying*
seoda *jewellery* — smideadh *make up*
meas *respect*

Teanga Chomharthaíochta

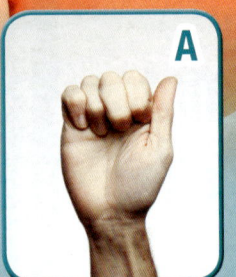 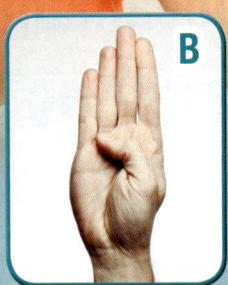 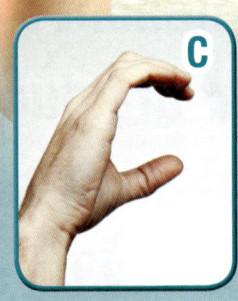
  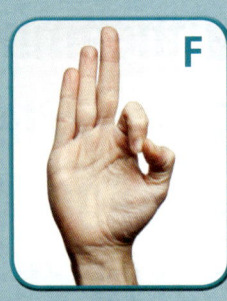

- Ní fios go cinnte cé a chum an teanga chomharthaíochta.
- Scríobh Juan Pablo de Bonet leabhar a mhúin an teanga chomharthaíochta i 1620.
- Tá comharthaí éagsúla ag tíortha éagsúla a oireann dá dteanga.
- Bhunaigh Abbe Charles Michel de L'Epee an chéad scoil phoiblí do dhaoine bodhra i bParás i 1771.
- Thóg páistí comharthaí lámhdhéanta leo ón mbaile a bhí siad ag úsáid roimhe sin agus bhunaigh siad córas teanga chomharthaíochta.
- Úsáidtear an teanga seo anois mar an teanga chomharthaíochta sa Fhrainc.

CEISTEANNA

1. Cé a chum an teanga chomharthaíochta?
   (Who invented sign language?)
2. Cén bhliain a scríobh Juan Pablo de Bonet an leabhar?
   (In what year did Juan Pablo de Bonet write the book?)
3. An bhfuil comharthaí éagsúla ag tíortha éagsúla?
   (Do different countries have different signs?)
4. Céard a bhunaigh Abbe Charles Michel de L'Epee?
   (What did Abbe Charles Michel de L'Epee found?)
5. Déan iarracht na comharthaí a dhéanamh.
   (Try and make the signs.)

FOCLÓIR

teanga chomharthaíochta *sign language*
ní fios cé a chum *it is not known who invented*
oireann *suits*   **daoine bodhra** *deaf people*
lámhdhéanta *handmade*

Campa Gaeltachta

Coláiste Naomh Eoin Campa Gaeltachta

Beidh campaí Gaeltachta Choláiste Naomh Eoin ar siúl ón 22ú lá de mhí an Mheithimh go dtí an 20ú lá de mhí Iúil.

- Beidh cúrsaí ar siúl i dtrí shuíomh éagsúla; i mBaile Átha Cliath, i Luimneach agus i bPort Láirge.
- Beidh ranganna Gaeilge ag na daltaí gach maidin.
- Imreoidh siad spórt san iarnóin.
- Déanfaidh siad cócaireacht sa tráthnóna.
- Beidh céilí, dioscó nó cluichí ar siúl san oíche.
- Beidh costas €280 ar an gcampa.
- Gheobhaidh tú tuilleadh eolais nó foirm iarratais ar an suíomh idirlín.

CEISTEANNA

1. Céard is ainm don champa? *(What is the name of the camp?)*
2. Cén uair a bheidh na campaí ar siúl? *(When will the camps take place?)*
3. Cá mbeidh siad ar siúl? *(Where will they take place?)*
4. Céard a dhéanfaidh siad gach maidin ag an gcampa? *(What do they do every morning in the camp?)*
5. Cén costas atá ar an gcampa? *(What does the camp cost?)*

FOCLÓIR

Meitheamh *June*   Iúil *July*
suíomh *location*   déanfaidh *will do*
imreoidh *will play*
tuilleadh eolais *more information*
foirm iarratais *application*
suíomh idirlín *website*

Curiarrachtaí Aite Domhanda

- Tá an-chuid curiarrachtaí domhanda ag fear darbh ainm Silvio Sabba ón Iodáil. Tá 48 san iomlán aige faoi láthair.
- Seo liosta de thrí cinn ait atá aige.
  1. An líon is mó cipíní i gcarn túir. Is é sin 74 san iomlán.
  2. An líon is mó dísle i gcarn ag baint úsáide as cipín itheacháin. Is é sin 44 san iomlán.
  3. An líon is mó pionnaí éadaigh ar aghaidh. Is é sin 51 san iomlán.
- Tá an churiarracht dhomhanda ag Simon Elmore ón mBreatain don duine is féidir an méid is mó tuí a chur ina bhéal.
- Tá an churiarracht dhomhanda ag Aaron Cassie ó Cheanada don duine is féidir an líon is mó spúnóg a chur ar a aghaidh. Is é sin 17 san iomlán.
- Tá an churiarracht dhomhanda ag John Cassidy don duine is féidir an méid is mó dealbh balúin a dhéanamh in uair a chloig. Is é sin 747 san iomlán.

CEISTEANNA

1. Cé mhéad curiarracht domhanda atá ag Silvio Sabba?
   (How many world records does Silvio Sabba have?)
2. Luaigh curiarracht dhomhanda amháin atá aige.
   (List one world record that he has.)
3. Cé mhéad pionna éadaigh a chuir sé ar a aghaidh?
   (How many clothes pegs did he put on his face?)
4. Cén churiarracht dhomhanda atá ag Simon Elmore?
   (What world record does Simon Elmore have?)
5. Cén churiarracht dhomhanda atá ag John Cassidy?
   (What world record does John Cassidy have?)

FOCLÓIR

curiarrachtaí domhanda *world records*
faoi láthair *currently*
i gcarn *in a stack*
cipín *matchstick*
cipín itheacháin *chopstick*
pionna éadaigh *clothes peg*
dealbha balúin *balloon sculptures*

An Samhradh

Tosaíonn an samhradh i mí na Bealtaine.
Bíonn an aimsir tirim agus bíonn an ghrian ag taitneamh go hard sa spéir.
Bíonn sé geal ó leath uair tar éis a cúig ar maidin go dtí leath uair tar éis a deich san oíche.
Bíonn laethanta saoire ag na páistí ón scoil sa samhradh.
Bíonn an gairdín lán le bláthanna agus dathanna áille.
Tagann an rós i mbláth i mí an Mheithimh agus i rith an tsamhraidh.
Bíonn cloigíní gorma le feiceáil sna coillte agus ar bhruacha na habhann ó mhí Aibreáin.
Bíonn nóiníní le feiceáil i ngach áit.
Bíonn an sabhaircín le feiceáil i rith an tsamhraidh.
Is bláth beag agus buí é, is maith liom an sabhaircín.
Is maith liom bláthanna agus is aoibhinn liom an samhradh.

CEISTEANNA

1. **Cathain a thosaíonn an samhradh?** *(When does summer start?)*
2. **Conas a bhíonn an aimsir i rith an tsamhraidh?** *(How is the weather during the summer?)*
3. **Cathain a thagann an rós i mbláth?** *(When does the rose flower?)*
4. **Déan cur síos ar an gcloigín gorm.** *(Describe the bluebell.)*
5. **Déan cur síos ar an sabhaircín.** *(Describe the primrose.)*

FOCLÓIR

i mbláth *in flower*
sna coillte *in the forests*
ar bhruacha na habhann *on the banks of the river*
sabhaircín *primrose*

Turas Scoile

Bhí rang a sé ar bís.
Bhí siad ag dul ar thuras scoile go dtí Locha Bhaile Coimín i gCill Mhantáin.
Bhí páirc spraoi ann agus bhí siad ag fanacht in óstán beag thar oíche.

Tháinig an bus ar a naoi a chlog agus chuaigh na páistí ar bord.
Thosaigh siad ag caint agus ag canadh.
Thit cúpla páiste ina gcodladh mar bhí an turas beagnach dhá uair an chloig ar fhad.
Tar éis tamaill shroich siad an pháirc.

Chaith na páistí an tráthnóna ag seoltóireacht ar an loch agus ag surfáil.
Bhí culaith fhliuch ar gach duine.
Bhí troid mhór uisce acu.
Chuaigh siad ar ais go dtí an t-óstán agus d'ith siad píotsa don dinnéar.

Ar an dara lá chuaigh siad ag marcaíocht agus ag dreapadh ar bhalla.
Tháinig an bus ar a haon a chlog agus chuaigh siad abhaile.
Bhí na páistí tuirseach traochta ach sona sásta.

CEISTEANNA

1. Cá raibh rang a sé ag dul? *(Where was 6th class going?)*
2. Cén t-am a tháinig an bus? *(At what time did the bus arrive?)*
3. Cad a rinne siad nuair a shroich siad an pháirc spraoi?
   (What did they do when they reached the activity park?)
4. Cad a rinne siad an dara lá? *(What did they do on the second day?)*
5. Conas a bhí na páistí tar éis an turas scoile?
   (How were the children after the school tour?)

FOCLÓIR

culaith fhliuch *wetsuit*
troid mhór uisce *big water fight*
dreapadh *climbing*

Ag Críost an Síol

Ag Críost an síol,
Ag Críost an fómhar,
In iothlainn Dé,
Go dtugtar sinn.

Ag Críost an mhuir,
Ag Críost an t-iasc;
I líonta Dé
Go gcastar sinn.

Ó fhás go haois,
Is ó aois go bás,
Do dhá láimh, a Chríost
Anall tharainn.

Ó bhás go críoch,
Ní críoch ach athfhás;
I bParthas na ngrás
Go rabhaimid.

Le Mícheál Ó Síocháin

FOCLÓIR

síol *seed*   an mhuir *the sea*
líonta *nets*
ó fhás go haois *from growth to age*
anall tharainn *around us*
i bParthas na ngrás *in blessed Paradise*

GNÍOMH

Léigh agus foghlaim an dán. *(Read and learn the poem.)*

Nóiníní Bána

Nóiníní bána ar imeall na habhann;

Rachaidh mé síos agus piocfaidh mé ceann.

Ceann beag do Mháire, is ceann beag dom féin,

Ceann beag do mo chairde ar oileán i gcéin.

Déanfaidh mé slabhra deas bán agus órga,

Déanta as nóiníní bána go leor;

Beidh sé go hálainn thuas ar mo cheann,

Mise i mo bhanríon ar imeall na habhann.

Le Brian Ó Baoill

GNÍOMH

Léigh agus foghlaim an dán. *(Read and learn the poem.)*

FOCLÓIR

piocfaidh *will pick*
ar imeall *edge*
slabhra *chain*

Tinneas Farraige

Bhí an chlann ag dul go dtí Oileáin Árann don lá.
Lá álainn grianmhar a bhí ann nuair a d'fhág siad Gaillimh.
Fuair siad seaicéid tarrthála agus shuigh siad síos ar an mbád.
Bhí sé beagán gaofar ar an mbealach ansin ach bhí sé ceart go leor.
Bhí lá álainn acu ar an oileán ach thosaigh sé ag stealladh báistí agus rith siad isteach chuig bialann.

D'ith Jack curaí agus deoch líomanáide sa bhialann.
Ansin chuaigh sé go dtí an siopa agus fuair sé milseáin agus uachtar reoite.
'Ná bí á ithe sin,' arsa Mamaí, 'Beidh tú tinn'.
D'ith Jack iad ar aon nós.
Nuair a chuaigh siad ar an mbád arís bhí an aimsir fiáin.
Mhothaigh Jack tinn láithreach.
'Dúirt mé leat go mbeifeá tinn,' a dúirt Mamaí.

CEISTEANNA

1 Cá raibh an chlann ag dul? *(Where was the family going?)*
2 An raibh sé gaofar ar an mbealach ansin? *(Was it windy on the way there?)*
3 Céard a d'ith Jack sa bhialann? *(What did Jack eat in the restaurant?)*
4 Ar mhothaigh Jack tinn? *(Did Jack feel sick?)*
5 Céard a dúirt Mamaí? *(What did Mammy say?)*

FOCLÓIR

tinneas farraige *sea sickness*
seaicéad tarrthála *life jacket*
ar an mbealach *on the way*
fiáin *wild*
mhothaigh Jack tinn *Jack felt sick*

Na Lochlannaigh

Píosa fíorasach

- Thuirling na Lochlannaigh i Meiriceá roimh Críostóir Colambas.
- Creid é nó ná creid, ach bhí cáil ar na Lochlannaigh mar ghrúpa an-ghlan ar fad.
- Bhíodh dhá bhéile acu gach lá, ceann amháin ar maidin agus an ceann eile san oíche.
- Ba í a chlaíomh an mhaoin ba luachmhaire a bhí acu.
- B'aoibhinn leo amhráin, scéalta agus tomhais.
- Rinne na Lochlannaigh sciáil don spraoi.
- Thaistil na Lochlannaigh i mbáid darbh ainm 'báid fhada' agus bhí spás iontu do 16 fhear.
- Ní raibh aon leithreas acu ar na báid.
- Nuair a fuair Lochlannach bás, cuireadh ar bhád é lena seilbh ar fad agus cuireadh amach chun farraige é nó cuireadh trí thine é.
- Ba iad Baile Átha Cliath, Loch Garman agus Port Láirge na chéad bhailte in Éirinn a thóg na Lochlannaigh.

CEISTEANNA

1. Cár thuirling na Lochlannaigh roimh Críostóir Colambas?
(Where did the Vikings land before Christopher Columbus?)
2. Cé mhéad béile a bhí acu gach lá?
(How many meals did they have a day?)
3. Céard a rinne siad don spraoi? *(What did they do for fun?)*
4. An raibh aon leithreas acu ar na báid?
(Did they have any toilets on the boats?)
5. Céard a tharla nuair a fuair siad bás?
(What happened when they died?)

FOCLÓIR

na Lochlannaigh *the Vikings*
píosa fíorasach *factual piece*
thuirling *landed*
creid é nó ná creid *believe it or not*
béile *meal*   claíomh *sword*
maoin *possession*
ba luachmhaire *most valuable*

Louis Braille

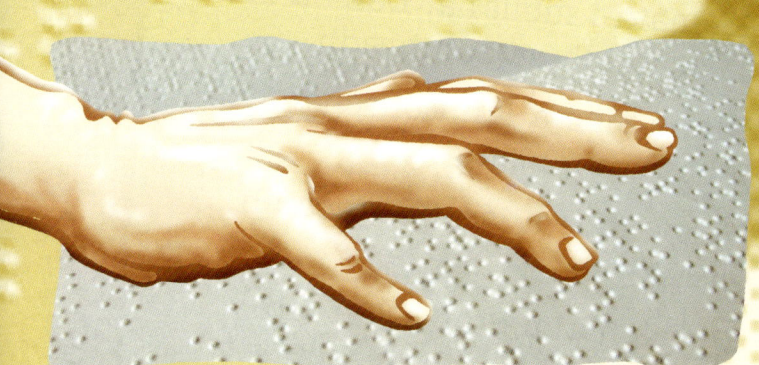

Rugadh Louis Braille ar an 4ú lá d'Eanáir 1809.
Bhí timpiste aige nuair a bhí sé óg agus chaill sé radharc na súl.
Bhí air gach rud a fhoghlaim trí lámh a leagadh air nó é a chloistéail.
Chuaigh sé ar scoil i scoil le haghaidh páistí dalla. Lá amháin, tháinig saighdiúr isteach chun cainte leo agus mhúin sé an cód rúnda dóibh a úsáideann siad san oíche.
D'úsáid sé daiseanna agus poncanna in ionad litreacha.
Bheartaigh Louis Braille rud cosúil leis sin a dhéanamh do dhaoine dalla ionas go mbeidís in ann léamh.
D'úsáid an córas sé phonc ardaithe don aibítir ar fad.
Is é seo an córas a úsáideann na mílte duine dall timpeall an domhain anois chun léamh a dhéanamh.

CEISTEANNA

1 **Cathain a rugadh Louis Braille?** *(When was Louis Braille born?)*
2 **Conas a chaill sé radharc na súl?** *(How did he lose his sight?)*
3 **Cé a tháinig chun cainte leo lá amháin?** *(Who came to talk to them one day?)*
4 **Céard a d'úsáid an córas?** *(What did the system use?)*
5 **An é seo an córas a úsáidtear anois?** *(Is this the system that is used nowadays?)*

FOCLÓIR

radharc *sight*
dall *blind*
cód rúnda *secret code*
daiseanna *dashes*
poncanna *dots*
córas *system*

Tuarisc Scoile

Ainm: Síne Ní Laoide

Marc	Ábhar	Teachtaireacht
A+	Gaeilge	Gaeilge iontach an bhliain ar fad!
B+	Béarla	Is breá le Síne a bheith ag léamh. Is scéalaí iontach í chomh maith.
C	Mata	Bhí deacrachtaí ag Síne leis an mata i mbliana. Déan a lán cleachtaidh sa samhradh.
B+	Stair	Rinne Síne a lán tionscnamh iontach i mbliana.
B	Eolaíocht	Rinne Síne a lán tuirgneamh maith.
B–	Tíreolas	D'fhoghlaim Síne a lán faoi thíreolaíocht na hÉireann i mbliana.
A+	Ealaín	Bhí Síne i gcónaí ar fheabhas ag an ealaín. Tá an-tallann aici!
B+	Ceol	Tá guth binn ag Síne. Thosaigh sí ag foghlaim an fheadóg stáin i mbliana.

CEISTEANNA

1 Céard is ainm don chailín? *(What is the girl's name?)*
2 Cén grád a fuair Síne sa Ghaeilge? *(What grade did Síne get in Irish?)*
3 An raibh deacrachtaí ag Síne leis an mata? *(Did Síne have problems with maths?)*
4 Cén grád a fuair Síne sa cheol? *(What grade did Síne get in music?)*
5 Cén uirlis a thosaigh sí ag foghlaim i mbliana? *(What instrument did she start learning this year?)*

FOCLÓIR

tuairisc scoile *school report*
teachtaireacht *message*
scéalaí *storyteller*
deacrachtaí *difficulties*
cleachtadh *practice*
tionscnamh *project*
tuirgneamh *experiment*
feadóg stáin *tin whistle*

Scoil Nua!

Chuaigh mé ar cuairt chuig mo scoil nua inné. Is scoil an-mhór í, tríocha nóiméad ó mo theach. Tá níos mó ná sé chéad dalta inti. Tosaíonn an lá scoile ar a fiche chun a naoi. Bíonn an lá críochnaithe ar a leathuair tar éis a trí. Bíonn uair an chloig d'am lóin agat agus bíonn cead agat dul abhaile nó go dtí na siopaí. Bíonn leath lae ann Dé Céadaoin.

Beidh mé ag foghlaim a lán ábhar nua, mar shampla, Fraincis agus Gearmáinis. Tá seomra stáidéir ann agus seomra ealaíne ann chomh maith. Tá mé ag tnúth le Meán Fómhair. Beidh brón orm ar an lá deireanach sa scoil seo ach ceapaim go mbeidh an scoil nua ar fheabhas.

CEISTEANNA

1. Cá ndeachaigh an cailín inné? *(Where did the girl go yesterday?)*
2. Cé mhéad dalta atá sa scoil nua? *(How many students are in the new school?)*
3. Cén t-am a thosaíonn an lá scoile? *(What time does the school day start?)*
4. Cathain a bhíonn leath lae aici? *(When does she have a half day?)*
5. An bhfuil sí ag tnúth leis an scoil nua? *(Is she looking forward to the new school?)*

FOCLÓIR

níos mó ná *more than*
leath lae *half day*
Fraincis *French*
Gearmáinis *German*
ag tnúth le *looking forward to*
lá deireanach *last day*

An Cheolchoirm

Tá deireadh na bliana ann.
Tá rang a sé le chéile taobh thiar den ardán.
Tá a gcuid tuismitheoirí agus páistí eile ina suí i halla na scoile. Tá ceolchoirm ar siúl agus tá na páistí neirbhíseach.

Ar a seacht a chlog cloiseann siad an príomhoide os comhair an chuirtín.
'Fáilte romhaibh go léir anocht go dtí ceolchoirm rang a sé. Tá áthas an domhain orm gach duine a fheiceáil. Tá rang a sé réidh, bainigí taitneamh as an gceolchoirm.'

Osclaíonn Iníon Ní Riain an cuirtín agus thosaigh an ceol. Tosnaíonn rang a sé ag canadh agus ag damhsa. Seinneann grúpa amháin ceol traidisiúnta.
Seinneann grúpa eile popcheol.

Críochnaíonn an cheolchoirm ar a hocht a chlog.
Bíonn bród mór ar na páistí agus ar a gcuid tuismitheoirí.

CEISTEANNA

1. Cá bhfuil rang a sé? *(Where is 6th class?)*
2. Cé atá ina suí sa halla? *(Who is sitting in the hall?)*
3. Cé a chloiseann rang a sé ar a seacht a chlog? *(Who does 6th class hear at 7 o'clock?)*
4. Cé a osclaíonn an cuirtín? *(Who opens the curtain?)*
5. An mbíonn bród ar a gcuid tuismitheoirí? *(Are their parents proud?)*

FOCLÓIR

taobh thiar *behind*

Cois Farraige

Tá tonnta na farraige
Ag briseadh ar an trá;
Tá naomhóga is tráiléirí
Ag seoladh ar an mbá.

Is breá liom bheith cois farraige
Nuair a bhíonn an lá go breá
Ag lapadaíl san uisce
Is ag súgradh ar an trá.

Ag dreapadh ar bharr aille
Nó ag bailiú stór sliogán
Ag iascach i bpoll carraige
Ach seachain an portán.

Ba bhreá liom dul thar farraige
Go tíortha i bhfad i gcéin,
Ar bord na loinge móire
Agus mise mar chaptaen.

D'fheicfinnse na calafoirt
's na hiontais go léir,
Ach bheinn ar ais sa bhaile
Le mam i gcomhair an tae.

Le Seán Ó Muimhneacháin

GNÍOMH

Léigh agus foghlaim an dán. *(Read and learn the poem.)*

FOCLÓIR

naomhóga	*currachs*	ag seoladh	*sailing*
ba bhreá	*would love*	na calafoirt	*the harbours*
bheinn ar ais	*I would be back*	i gcomhair	*for*

Ar mo Laethanta Saoire

Hola, a Mhamó,

Conas atá tú? Tá mé in Cabopino i ndeisceart na Spáinne. Is álainn an áit í agus tá an ghrian ag taitneamh go hard sa spéir.
Uaireanta bíonn sé róthe ach tá an linn snámha go hálainn. Is breá liom luí faoi theas na gréine ar an trá agus in aice leis an linn snámha. Tá dath na gréine orm.
Téim ag snámh san fharraige gach lá agus imrím leadóg ó am go ham. Caitheann Daidí a chuid ama ag iascaireacht. Caitheann Sophie a cuid ama ag bailiú sliogán. Caitheann Mamaí a cuid ama ag léamh.
Chonaic mé crosóg mhara ar na carraigeacha inné. Tá an t-óstán an-nua agus tá an bhialann go hiontach. Beidh mé ar ais Dé Sathairn. Cuirfidh mé glaoch ort.
Slán,

Amy

CEISTEANNA

1. **Cé a scríobh an cárta phoist?** (Who wrote the postcard?)
2. **Cá bhfuil sí?** (Where is she?)
3. **Cén sórt áite í?** (What sort of place is it?)
4. **Cá dtéann sí gach lá?** (Where does she go every day?)
5. **Cad a chonaic sí inné?** (What did she see yesterday?)

FOCLÓIR

crosóg mhara *starfish*
carraigeacha *rocks*